ESG 경영을 탐정이 돕는다

탐정과 ESG 경영

탐정과 ESG 경영

발행일	2025년 4월 2일		
지은이	문봉수 · 곽대순		
펴낸이	손형국		
펴낸곳	(주)북랩		
편집인	선일영	편집	김현아, 배진용, 김다빈, 김부경
디자인	이현수, 김민하, 임진형, 안유경, 최성경	제작	박기성, 구성우, 이창영, 배상진
마케팅	김회란, 박진관		
출판등록	2004. 12. 1(제2012-000051호)		
주소	서울특별시 금천구 가산디지털 1로 168, 우림라이온스밸리 B동 B113~114호, C동 B101호		
홈페이지	www.book.co.kr		
전화번호	(02)2026-5777	팩스	(02)3159-9637

ISBN	979-11-7224-571-9 03320 (종이책)	979-11-7224-572-6 05320(전자책)

(주)북랩 성공출판의 파트너
북랩 홈페이지와 패밀리 사이트에서 다양한 출판 솔루션을 만나 보세요!
홈페이지 book.co.kr • **블로그** blog.naver.com/essaybook • **출판문의** book@book.co.kr

작가 연락처 문의 ▶ ask.book.co.kr
작가 연락처는 개인정보이므로 북랩에서 알려드릴 수 없습니다.

ESG 경영을 탐정이 돕는다

탐정과

경영

문봉수 · 곽대순 지음

북랩

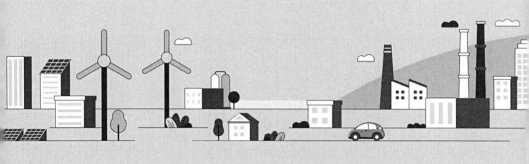

들어가는 말

탐정은 급속한 사회의 변화 속에서 이제 인구에 회자하는 직업 가운데 하나로 떠올랐다. 드라마나 영화, 소설 등에만 등장하던 탐정이 현실에서 새롭게 관심을 받는 것은 단순히 재미 차원만이 아니라 복잡, 다양한 우리 사회가 필요로 하는 직업으로 인식되기 때문이다. 그간 법적인 제약으로 인해 제 이름조차 찾지 못한 채 사회의 어둡고 주목받지 못하는 곳에서만 활동하던 탐정들이 근래에 들어 그늘에서 점차 벗어나 언론을 비롯한 각계로부터 각별한 관심을 받는 가운데 나름의 업무 영역을 구축하고 직업군을 형성하기 시작하였다.

물론 아직 법제화가 이뤄지지 못한 상황이라 국가의 법적 보호와 사회의 공인을 확고하게 받지 못하는 실정이지만, 점차 존재의 필요성에 대한 인식이 개선 내지 제고되고 입법부에서도 관련 노력을 경주 중인 만큼 대한민국의 탐정도 OECD 대다수 국가 탐정처럼 안정된 환경하에서 업무를 수행할 수 있는 날이 반드시 올 것이다. 다만 법제화는 입법부의 몫이고 탐정이 그 로드맵을 주도할 수 없는 것이 현실이므로 지속적으로 목소리를 내는 한편 당사자로서의 자체 역량을 강화하는 데 노력을 기울일 필요가 있다.

　본 저자는 이와 직결된 노력의 하나로 탐정업 스스로가 인식 전환 및 신사업 모델 마련을 검토해 볼 것을 제안코자 한다. 탐정으로서 전통적이고 관행적인 업무에만 매달릴 것이 아니라 새로운 분야를 선택, 미래의 먹거리로 삼는 지혜를 발휘해야 할 시점이 도달했다고 생각한다. 탐정업의 법제화가 탐정들의 미래를 결정짓는 절대적 요인은 아닌 데다 그 가능성을 장담키 어려운 것이 현실이므로 우선 전문화를 선행하는 것이 필요하다. 무엇보다 고객의 탐정업에 대한 수요가 증대하고 있기에 이는 현명한 작업으로 판단된다.

　또한 탐정업은 개인 고객 상대의 수임에서 벗어나 기업 고객 상대로 업무의 차원을 달리하고 확대하는 방안을 고민해 봐야 할 시점이다. 외국의 주요 탐정 및 탐정업체가 기업으로부터 수임을 받고 실제로 수행 중인 다양한 업무 모델은 우리에게 시사하는 바가 매우 크다. 이는 국내 탐정업의 파이를 키울 수 있는 방식이며 현재와 같은 영세성과 한계성을 극복할 수 있는 계기로 작용할 것이라고 믿는다.

　이런 차원에서 저자가 선택한 것이 경제계와 기업의 핫이슈로 떠오른 환경, 사회, 지배구조 지향의 ESG 경영이다. 우리가 살아가기 위해 여러 가지 필요한 행위 가운데 경제는 그 중요성이 점차로 높아지고 있다. 경제가 어려워지면 그 공동체는 당장에 큰 문제로 인식하고 대비책을 찾는다. 특히 경제의 주체인 기업으로서는 직면한 현안을 해결해야만 지속 가능성을 담보할 수 있기에 새로운 과제로 부여받은 ESG 경영에 사력을 다해 집중하는 상황이다.

　근래 기업의 다양한 현안 가운데 무엇보다 중요한 것이 ESG 경영으로서, 국제 경제계로부터 환경과 사회, 지배구조에 대한 적용을 요구받는 중이다. 대기업은 물론 거래 관계를 맺은 중견기업, 중소기업, 심지어 벤처기업까지 동참해야만 하는 경영 개념인바, 우리나라도 이미 정부 차원에서 시행 및 공시 일정까지 마련된 것이기에 결코 피할 수가 없다. 게다가 민간 기업은 물론 공공기관과 공기업 역시 여기에 동참해야 하는 방향으로 나가면서 경제와 산업의 중요한 이슈가 되었다.

　ESG 경영은 당사자인 기업이 자체적으로 이행해야 하지만 그 과정에서 모든 것의 확인 및 처리는 불가능하다. 환경, 사회, 지배구조의 3대 핵심 요소를 충족시키려면 다양한 이해관계자와의 소통이 필요하고 이를 주기적으로 점검해야만 된다. 특히 인권이 중시되는 현대사회의 기준은 기업이 인간에 관한 관심과 보호를 실천할 것을 요구하고 있다. 그 때문에 그동안 사람과 관련된 조사와 확인에 특화된 탐정에게는 참여와 기여의 공간이 열리게 되고 ESG를 행해야만 되는 기업과의 긴밀한 협업이 가능해질 것이다.

국내 다수의 탐정 관련 교육기관과 단체가 그간 큰 노력을 기울여 다양한 교육 프로그램을 개발 완료 내지 진행 중이지만 탐정과 ESG 경영을 접목, 교육한 사례는 국가 공인 탐정협회가 유일하다. 저자는 동 협회로부터 강의 요청을 받고 관련 교육을 진행하는 입장에서 해당 과목에 적합한 전문 교재가 요구된다는 판단하에 구체적인 방안을 고민하고 연구해 오던 중 본 저서로써 결과물을 집약하였다.

본 저서는 탐정업에 ESG 경영 이론을 접목하여 보다 책임감 있고 윤리적인 탐정 서비스의 방향성을 모색하기 위해 시작되었다. 탐정업이 투명한 운영과 사회적 가치를 충분히 고려하면서 장기적인 신뢰를 구축할 수 있는 길을 찾는 것이 저자가 지향하는 핵심 목표이다.

저서의 서술 전개는 먼저 탐정 및 탐정업에 대한 개황 및 현재와 미래, 국내외 여건에 대해 살펴보는 데서 출발한다. 이어 탐정이 알아야 할 ESG 경영으로 넘어가 개황, 생태계를 확인토록 할 것이다. 그리고 탐정업과 ESG 경영의 접목을 위해 양자의 상호 연관성, 탐정으로서 접근 자세, 요구되는 직업윤리, 준비 및 착안 사항 등을 들여다보는 순으로 진행이 된다.

끝으로 저자로서 탐정이 새로운 자세와 인식으로 업무의 영역을 확대함과 아울러 자유민주 법치 질서 하에 사회 정의 실현을 위한 사회 안전망 확충에 기여함은 물론 경제 발전의 조력자로서 임무를 수행하길 바라는 마음으로 저술 작업을 진행하였음을 밝힌다. 논리적, 내용상으로 부족하고 미흡한 부분은 차후 보완토록 노력하겠다. 아울러 이번 저술 작업이 우리나라 탐정업계의 성장과 발전에 조금이라도 도움이 되기를 바라며 탐정업계 내부에서 이러한 착안과 시도가 지속적으로 이어질 것이라 굳게 믿는다.

2025년 4월
저자 문봉수 · 곽대순

차례

제2부 　ESG 경영 개황

제3부　　　　　　　　　　ESG 경영 생태계

제1부

탐정과 탐정업 개황

1장

탐정의 정의와 위상

1절. 기본적 정의

탐정은 과연 무엇을 하는 사람인가? 국립국어원 표준국어대사전에 의하면 탐정은 "드러나지 않은 사정을 몰래 살펴 알아냄. 또는 그런 일을 하는 사람"이라고 정의되고 있다. 온라인 국어사전에서는 "숨겨진 일이나 사건 따위를 추적하여 알아냄. 또는 그러한 일에 종사하는 사람"이라고 풀이된다.[1] 탐정의 한자는 '찾을 탐探', '정탐할 정偵'으로서 염탐은 "몰래 남의 사정을 살피고 조사함"이라는 뜻을 내포하는바, 결국에는 은밀성을 전제로 이면에 숨겨진 사실을 찾아내는 것이 탐정의 가장 중요한 덕목이라고 할 수 있다.

탐정은 예전에 '염탐꾼'으로 비하되기도 했으며 전쟁이 발발했을 시 이들을 '밀정', '스파이' 등으로도 불렀다. 영문으로는 Detective, Private Investigator, Private Eye, The Detective Service 등으로

---

1) 다음 국어사전에서는 "숨겨진 일이나 사건 따위를 추적하여 알아냄, 또는 그러한 일에 종사하는 사람"이라고 설명하고 있으며 위키백과는 "의뢰자의 요청에 따라 사건, 사고, 정보 등을 조사하는 민간 조사원을 뜻하는 말"이라고 해석한다.

표기된다. 현대사회에서는 흔히 '사설탐정私設探偵'으로 지칭되며 의뢰자로부터 요청을 받고 사건과 사고 및 이와 관련된 정보를 조사하는 사람을 일컫는다.

탐정은 민간인 신분으로서 결코 공권력을 행사할 수 없는 존재임에도 사건과 사고를 다루는 직업인만큼 현재 국내 탐정업계에서는 법률에 근거한 공인 탐정제도가 조속히 마련되기를 간절하게 기원하고 있다. 오랜 기간에 걸쳐 존재하면서 직업의 생태계를 구축해 놓은 미국과 일본 등처럼 우리 사회에서도 탐정이 공권력을 보완하는 존재이자 문제에 직면한 고객의 조력자로서 인식되도록 관련자들이 다양한 노력을 경주 중이다.

우리 뇌리에 대표적인 탐정으로는 영국 극작가 아서 코난 도일Arthur Conan Doyle, 1859-1930의 추리소설에 등장하는 인물, 즉 사슴 사냥용 모자를 쓰고 파이프 담배를 입에 문 채 손에는 돋보기를 들고서 현장을 종횡무진으로 누비며 사건을 풀어나가는 셜록 홈즈Sherlock Holmes가 자리한다. 그는 오감과 치밀함, 현장 확인 등으로 취득한 정보를 무기로 삼아 범죄 해결에 접근함으로써 탐정의 상징적인 이미지이자 대명사로 독자들에게 각인되어 있다. 소설 속에서 그에 대한 작가의 묘사가 너무나도 사실적이었기 때문에 소설이 연재되었던 스트랜드 매거진Strand Magazine에는 사건을 의뢰하려는 독자들의 편지가 연일 쇄도했다고 한다.

탐정은 학술적으로는 어떻게 정의되고 있을까? 다양한 연구자의 견해가 존재하는 가운데 논문에 자주 인용되는 것으로서는 "수익자 부담 원칙에 의해 계약으로 보수를 받고 위법하지 않은 범위 내에서 위임받은 업무의 조사 활동을 통해 의뢰인의 필요한 자료와 정보를 수집, 분석하여 사실대로 제공하는 업무를 수행하는 사람"[2]이 대표적이다.

가톨릭대학교 탐정학 전공 교수진은 "의뢰인으로부터 일정한 보수를 받고 법을 위반하지 않는 적법한 범위 내에서 의뢰받은 사실에 관하여 조사하거나 정보를 수집, 분석하여 의뢰인에게 제공하는 업무 또는 이러한 업무를 행하는 자"[3]라는 정의를 내렸다. 한국탐정학회에서 발간된 개론서는 "사적 주체인 민간인이 타인의 의뢰를 받아 계약을 맺고 보수를 받으며, 위법하지 않는 범위 내에서 의뢰받은 사건에 대한 조사 활동을 통하여 사실관계 확인 및 관련 정보 등을 수집 및 분석하여 그 결과를 제공하는 것을 직업으로 삼는 활동 또는 그러한 직업을 수행하는 자"[4]로 설명하고 있다.

다양하게 제시된 학술적 정의 및 개론서의 정의에서 공통점을 갖는 핵심 내용을 추출해 본다면 계약과 보수, 위법하지 않은 범위, 조사 활동, 사실대로 제공 등이 나타난다. 이를 토대로 종합해 본다면 탐정업은 "수임자가 위임자와의 계약 관계를 통해 대가 지불을 약속받고 합법적 테두리 안에서 사실 파악을 진행한 후 결과

---

2) 황요완, "공인 탐정제도 도입 시 문제점과 해결 방안에 관한 입법론적 연구", 박사 학위논문, 동아대학교, 2018. 2.
3) 이상수·염건령, 『탐정학 개론』, 대영문화사, 2022, p. 14.
4) 강동욱·윤현종, 『탐정학 개론』, 박영사, 2019, p. 5.

를 정확하게 제공해 주는 조사 서비스업"이며 탐정은 "해당 업무를 수행하는 주체"라고 정의할 수 있다.

한편, 한국민간조사 학술연구소 소속 전문가는 탐정업의 직업화가 진행되고 있으나 아직 법제화를 이루지 못한 관계로 탐정에 대한 법률적 정의가 정립되지 않는 안타까운 상황임을 전제로 현재로서는 학술적 내지 실무적 정의만 가능하다는 점을 강조한다. 그는 탐정에 대해 "문제의 해결이나 조사의 바탕이 되는 유의미한 정보, 단서, 증거 등 자료를 탐문이나 관찰 같은 합당한 방법을 통해 수집, 제공하는 일"[5]이라는 정의를 내리고 있다.

탐정 업무가 오랜 역사를 갖고 활성화된 일본의 경우 탐정을 어떻게 정의하고 있을까? 역사에 비해 법제화의 시간은 그리 길지가 않는바, 관련 법에서 탐정 업무에 대해 "타인의 의뢰를 받아 특정인의 소재 또는 행동에 대한 정보를 수집하는 것을 목적으로 삼아 면접에 의한 탐문, 미행, 잠복 및 그밖의 유사한 방법으로 사실을 조사하고 그 결과를 해당 의뢰인에게 보고하는 업무"[6]라고 정의하고 있다.

아울러 탐정은 "규정에 의한 신고를 하고 탐정업을 영위하는 자"라고 명문화하였다. 탐정의 조사 대상을 특정인의 소재 또는 행동으로 국한했고 정보 수집과 사실 조사에 중점을 두었다. 미국 같

---

5) 김종식, 『탐정 실무 총람』, 한국민간조사 학술연구소, 2020, p. 6.
6) 2006년 법률 제60조, '탐정 업무의 적정화에 관한 법률'.

은 서구의 탐정과 비교할 때 업무의 범위가 상대적으로 제한된다는 특징을 갖는다.

　최근 탐정 관련 학술적 접근이 다양하게 이뤄지는 가운데 법학 분야를 중심으로 석·박사 논문이 지속적으로 나오는 상황이다. 국회도서관의 논문 데이터베이스를 통해 검색해 본 결과 주요 논문에서 탐정 및 탐정업에 대한 정의는 제각기 다르지만, 핵심적인 내용은 대체로 일치한다. 탐정에 대해 국내 연구자와 전문가들이 내린 정의를 정리해 보면 다음과 같다.

탐정, 탐정업에 대한 연구자 정의		
연구자	출처	정의
박해주	한세대학교 대학원 박사 학위 논문(2015. 2.)	의뢰인의 요청을 받아 쉽게 알 수 없거나 숨겨져 있는 사실을 알아내는 조사 활동 또는 그러한 일을 하는 사람을 더불어 지칭한다.
노진거	경기대학교 대학원 박사 학위 논문(2020. 2.)	특정한 의뢰자인 고객이나 단체로부터 받은 대가에 따른 업무를 적법한 절차에 따라 자료를 수집하고 조사하거나 확인하여 의뢰자인 고객에게 제공하는 개인이나 단체 혹은 법인을 말한다.
조창길	용인대학교 대학원 박사 학위 논문(2021. 2.)	적법한 절차에 의해서 계약을 서로 맺는 의뢰인으로부터 정해진 사안에 대하여 자료를 조사하고 수집하여 제공해 주는 업무를 하는 사람
김영길	한세대학교 대학원 박사 학위 논문(2021. 2.)	사인이 다른 사람의 의뢰를 받아 일정한 보수를 받고 법률에 위반되지 않는 범위 내에서 사실 확인과 정보 수집을 대행하여 의뢰인에게 제공하는 사실 조사 활동이며, 이 업무에 종사하는 사람을 탐정이라 할 수 있다.
김동일	부산외국어대학교 대학원 박사 학위 논문 (2023. 2.)	사인이 고객의 요청에 따라 보수를 받고 특정한 사실관계를 파악하면서, 합법적인 방법으로 그 내용을 확인하고 정보를 분석, 제공하는 민원 서비스 업무를 수행하는 자
송영근	제19대 국회, '탐정에 관한 법률안' 발의서 (2013. 3. 19.)	국가기관의 수사력이 미치기 힘들거나 미흡한 각종 범죄나 사건에 관한 사실관계 조사, 실종자 소재 탐지 등에 있어서 의뢰인을 대리하여 사실관계를 확인하여 준다. 그리고 누구나 접근이 가능한 정보를 수집하는 것을 대행하여 주는 서비스업을 말한다.
윤재옥	제20대 국회, '공인 탐정 법안' 발의서 (2016. 9. 8.)	실종자, 가출인 등의 사람 찾기, 피해 복구를 위한 자료 수집 등과 같이 국민의 다양한 권익을 보호하기 위하여 의뢰자로부터 사건을 위임받아 관련 자료와 정보의 수집을 대행하는 서비스업

탐정의 업무는 앞의 정의에서 살펴봤듯이 우선 계약서에 의한 의뢰자와 탐정 간 갑을ᄑᄌ 관계 설정에서 시작된다. 그 이후 탐정은 법에 위배되지 않는 조사 활동을 통해 의뢰자가 요구하는 사실관계 확인 및 자료와 정보 입수 이후 분석과 판단을 거쳐 결과를 왜곡되지 않도록 처리 및 제공하는 역할을 맡는다.

이는 언론사 기자가 사건이나 문제점을 파헤치는 보도를 위해 진실에 접근하는 노력을 기울이면서 독자나 시청자에게 왜곡되지 않은 정보를 제공하는 것과도 매우 흡사하다고 할 수 있다. 탐정이나 기자는 분명히 직업이 다르고 수행하는 업무에도 차이점을 보이지만, 정보에 대한 집요하고도 면밀한 조사와 결과의 제공 측면에서 상호 유사성을 갖는다.

기자가 언론인으로서의 보도 윤리를 준수하듯이 탐정 역시 고객 보호, 신용과 성실의 원칙을 준수하는 직업윤리가 수반되어야 하는 것이 기본이다. 아울러 업무의 수임과 함께 체결되는 용역계약서에는 "상담 및 용역수행 과정에서 지득한 비밀을 제3자에게 누설 또는 제공하지 않는다."라는 식의 문구 명문화가 상례이다. 탐정의 업무와 윤리 문제는 결코 분리될 수 없는 중요한 대목이기에 뒷부분에서 별도로 상세히 설명토록 하겠다.

2절. 사회적 위상

역사적으로 오래되었고, 서구와 일본 등에서는 이미 확고한 기반을 다진 직업으로서의 탐정이 국내에서는 어떠한 위상을 가졌는지 살펴볼 차례이다. 소설이나 영화, 드라마 속의 허구가 아니라 실제 사회에서 실체를 확인해야만 탐정이 현재 직면한 문제가 무엇인지를 알고 개선 방안을 모색하면서 향후의 진로를 그려볼 수 있기 때문이다.

국내 탐정업의 역사를 살펴보려면 우선으로 등장하는 존재가 있다. 정부가 경제개발을 지상의 목표로 설정했던 1960년대 후반경에 일본의 영향을 받아 우리나라에서 '흥신소興信所'라는 상호를 가진 업체들이 우후죽순 격으로 등장하였다. 당시 급격한 산업화에 따른 사회의 변화상에 맞춰 개인 또는 단체 간 경제활동을 둘러싼 분쟁이 수시로 생기고 이를 민간 차원에서 해결키 위한 조사 목적으로 흥신 업무의 수요가 증가한 데서 기인한 것이다.

1961년 제정되어 1977년까지 시행되었던 '흥신업 단속법'은 "타인의 상거래, 자산, 금융 기타 경제상의 신용에 관한 사항을 조사해 의뢰자에게 알려주는 업"이라고 정의했었다. 당시의 대다수 흥신소는 "억울한 일을 당한 사람들에게 해결책을 제시하고 피해를 구제한다."라는 명분을 내세웠으나, 일부가 폭력과 협박을 자행함으로써 사회적 파장을 일으킨 사례가 다수 존재한다. 흥신소는 출발부터 사회적 인식이 좋지 않을 수밖에 없었다.

이후로도 관련 법률과 제도가 갖추지 못한 상황에서 이들은 음지에서 주로 활동하면서 제도권의 관리와 감독에서 벗어나 음성적 수요에 맞춰 불법적 공급을 이어왔다. 1990년대에 이르러 OECD경제협력개발기구 협정으로 국내 탐정 시장이 개방되고 이를 계기로 탐정법의 제정 요구가 본격적으로 이어지면서 '탐정'이라는 용어가 등장하고 사회적 주목을 받았다.

그러나 탐정의 역사가 오래된 미국, 일본 등지에서는 전문 직종으로 자리 잡고 직업으로 공인되는 상황과 달리 우리나라는 탐정에 대한 인식이 희박함에 따라 직업, 직업인으로서의 개념이 아직 정립되지 못한 실정이다. 때문에 '뒷조사', '심부름센터', '떼인 돈 받아 드립니다' 등등 사회적인 왜곡 이미지와 편견이 존재하는 것이 현실이다. 이는 미국의 서부 개척 시대 현상금이 걸린 수배자를 찾아 떠도는 황야의 무법자와 별다를 바 없는 신세라 할 수 있다.

국내 언론에서도 탐정과 탐정업의 실태에 대해 보도하면서 우려의 시선을 보내고 있다. 특히 정상적인 업무를 수행하는 탐정과 달리 불법적인 행태를 보이는 일부 흥신소의 경우에는 비판의 수위가 높다. 기사의 제목만 살펴보더라도 "본업은 여전히 불륜 뒷조사", "300만 원 주면 배우자 불륜 잡아드립니다, 흥신소 부작용 심각", "스토커 키우는 흥신소 공해를 어쩌나", "조사하면 다 나와, 흥신소 백태" 등이 대표적이다. 이에 따라 탐정업계까지 불법적 행위를 일삼는다는 오해를 불러일으킬 수도 있기에 업계 차원에서 불법 흥신소와의 차별화를 위한 적극적인 홍보와 자정 노력이 요구된다.

　다행히도 경찰, 군 수사기관, 검찰, 국가정보원 등의 공안 분야에서 커리어를 쌓은 인사뿐만 아니라 기존에 건실하게 사업을 영위하던 민간 분야 인재 및 동국대학교, 가톨릭대학교, 대구 가톨릭대학교, 중부대학교, 서울디지털대학교 등의 탐정학 또는 경호학 전공 청년층이 탐정업의 문을 노크하는 추세를 보인다. 이는 무엇보다 중요한 인적 차원의 수준 향상이 이뤄지는 긍정적인 측면으로 해석되는 대목이다.

　탐정업계에서는 공안 분야 출신 인사들의 진입은 공직 생활을 바탕으로 업무 능력은 물론 공신력과 윤리의식으로 무장되었기에 향후 업계의 건전한 발전을 위해 중추적 역할을 담당할 것으로 기대하는 중이다. 아울러 다수의 대학에서 석·박사 과정까지 속속 개설함으로 인해 인력 양성은 물론 학술적, 이론적 토대의 구축까지 가능해졌다는 측면에서 향후 산학협력을 통한 업계의 생태계도 조성될 것이라는 예측을 하고 있다.

　우리나라에서는 탐정 용어의 사용이 합법화된 역사가 극히 짧은 데다 관련 법률이 여전히 제정되지 못한 연유로 인해 아직은 탐정의 역할 설정과 산업화를 신중하게 모색하는 과도기 단계로서 갈 길이 먼 것이 현실이다. 1977년 제정되었던 '신용정보법'의 제40조 5항이 탐정, 정보원이라는 명칭의 사용을 금지함으로써 탐정 및 탐정업의 손발이 묶이게 되었고 관련 학계와 업계에서 지속적인 시정 노력이 이어져 왔다.

결국 탐정 분야 전문가가 2016년 "이 조항은 직업 선택의 자유와 평등권을 침해한다."라는 논리와 함께 헌법소원을 제기하였다. 이에 따라 헌법재판소는 2018년 탐정 명칭의 사용 가능 결정을 내렸고, 결국 2020년 8월부터 '탐정'이라는 명칭의 사용이 합법화되었다. 그 때문에 명칭을 사용하여 영업과 홍보에 나서는 것에는 아무런 문제가 없다.

　국세청의 홈택스hometax에서 탐정업의 코드는 930916으로서 업태명은 사업시설 관리, 사업지원 및 임대 서비스업으로 나타나며 세분류명은 탐정 및 조사 서비스업으로 적시되어 있다. 탐정 및 조사 서비스업은 인가나 허가가 필요한 업종이 아니기 때문에 사업자 등록 신청 후 별도의 수정 사항이 없을 경우에는 바로 발급된다. 통계청의 한국표준산업분류에서는 분류 코드 75330의 '탐정 및 조사 서비스업'으로서 "흥신소·사설탐정 서비스, 필체 감정·지문 조사 서비스 또는 거짓말탐지기 서비스를 제공하는 산업"으로 정의되어 있다.

　헌법재판소의 결정과 관련 법의 개정 이전까지 탐정은 '홍길동' 신세나 다름이 없었다. 이들이 신출귀몰해서가 아니라, 아버지를 아버지로 못 부르는 홍길동처럼 법의 제한 규정 때문에 탐정을 탐정이라 부르지 못하고 우회적으로 민간 조사사, PIAPrivate Investigation Administrator, 생활정보 지원 탐색사, 사설정보관리사 등으로 표기하는 것이 관례적이었기 때문이다.

　명칭 사용의 합법화 이후 이러한 상황은 많이 개선되었지만, 관련 법이 지금도 제정되지 못한 상태로서 탐정의 업무와 위상 등 정체성의 확보가 어려운 실정인 가운데 아직 사회로부터의 직역 인정, 자체적인 외연 확장 등 차원으로 본다면 여전히 '자기들만의 리그'로서 남아 있다. 일반 국민도 탐정에 대한 인식이 매우 낮은 상황이다.

이는 아직 호적에 입적되지 못한 사람처럼, 합법화는 달성했지만, 사회의 주류에서 벗어나 떠도는 신세와 마찬가지이다. 관련된 단체의 다양한 노력의 경주가 필요한 시점으로서 제도권 편입을 통한 확장성과 지속 가능성을 확보키 위해서 법제화는 물론 직업화의 길을 반드시 모색해야 한다. 법제화는 입법부와 행정부의 몫이겠지만 직업화는 탐정업계와 단체의 선제적이며 자체적인 조치와 노력이 필수적으로 요구된다.

현행법상 흥신소나 탐정사무소를 운영하는 것은 결코 불법이 아니다. 일반적으로 "흥신소는 불법이고 탐정은 합법"이라는 인식을 하고 있지만 양자는 명칭만 다를 뿐 업무상으로는 별다른 차이가 없다. 불법을 저지르면 흥신소, 탐정사무소 모두 명칭과 관계없이 누구든 법에 따라 처벌을 받는다. 따라서 탐정의 모든 활동은 반드시 합법적인 테두리 내에서 이뤄져야 한다.

물론 그간의 이미지가 부정적임에 따라 갖게 된 선입견이 있지만, 정상적인 방식으로 사업을 벌이는 흥신소도 분명히 존재한다. 사업자 등록만 완료한다면 누구나 영위할 수 있는 업종으로서 시대의 변화에 따라 이제는 탐정사무소라는 명칭으로 바뀌는 상황이다. 근래에는 일정 수준 이상의 자본과 인력을 갖춘 탐정법인도 다수 등장하면서 규모의 경제를 지향하는 한편 법무법인과 협업체계를 구축하는 노력을 기울이는 중이다.

그런데 문제는 불법적, 음성적으로 영업과 활동을 하는 업체들에 있다. 탐정사무소이든 홍신소이든 간에 반사회적인 행태를 보이는 업체에 대해 공권력과 법률이 관용을 베풀 이유가 없는 만큼 자정의 노력과 함께 준법 차원의 활동을 전개해야만 된다.

이는 탐정과 탐정업이 자신을 지키고 사회 공동체 내에서 인정받을 수 있는 기반으로 작용할 것이다. 특히 중요한 것은 수요자들의 신뢰를 얻는다는 측면에서 불법 홍신소 이미지를 탈피하고 국가적, 사회적으로 탐정과 탐정업의 가치와 필요성을 입증하는 조치이다. 그 때문에 각 대학에서 탐정과 관련된 학술적인 연구와 인력 양성의 인프라 구축에 나선 것은 대단히 고무적이다.

국가 차원으로 보더라도 정부가 복지사회를 지향하는 가운데 다양한 정책이 수립 및 이행되고 있는바, 사회 일각에서는 "최고의 복지는 양질의 일자리 확보", "일자리 없는 복지는 허구에 불과" 같은 견해가 주류를 이루고 있다. 탐정은 일자리 창출의 한 가지 방안으로서 정부에서는 과거 수차례에 걸쳐 관련 대책을 내놓았었다.

2014년 고용노동부가 국무회의를 통해 40여 개의 직업 창출 차원에서 사설탐정제도를 제시하였다. 지난 19대 대통령 선거에서는 유력 후보자가 '일자리 80만 개 창출' 공약을 통해 "공인 탐정 법제화하겠다."라고 약속한 바 있다. 2021년에는 기획재정부가 '미래 유망 신직업 발굴 및 활성화 방안'을 발표하면서 공인 탐정, 개인정보 보호 관리자, 디지털 장의사, 민간인 명구 조사 등의 창출을 중장기 과제로 선정키도 하였다.

일자리는 기성세대에게는 생존의 기반이며 청년세대에는 미래의 기약이라고 할 수 있다. 사회 및 경제 분야의 수요에 맞추고 일자리를 창출한다는 차원으로 접근한다면 지금과 같은 탐정의 위상에도 변화가 올 것이다. 전문성을 발휘하면서 사회공동체의 일원으로 활동할 수 있도록 정부의 지속적인 관심과 입법부의 실질적인 노력이 가시화되어야 할 것이다.

2장

탐정의 현재와 미래

1절. 현재 상황

기존의 관행적 탐정 시장은 사생활 탐지, 미행과 감시 같은 불법 흥신소 수준의 업무로서 합법의 반대편인 불법과 탈법, 무법과 위법의 경계선에 있다. 머리보다는 손과 발에 의지하는 3D 업종으로서 공적 영역에서 일했던 사람들은 기피하는 것이 사실이며, 대다수 의뢰자는 기업이나 단체, 기관보다는 개인에 치중된 상황인 가운데 각자도생의 길을 걷는 관계로 업계에서는 수임료에 대한 기준도 제대로 마련되지 않았다.

탐정업의 리스크 측면에서 봤을 때 고객으로부터 위임받는 업무의 특성상 대상자의 뒤를 캐는 과정에서 자칫 불법 행위의 유혹에 노출될 가능성이 높다. 이러한 탐정의 탈법과 불법을 제어 내지 처벌하는 법률은 여러 가지이다. 구체적으로 '통신비밀보호법', '위치정보의 보호 및 이용 등에 관한 법률', '정보통신망 이용 및 정보보호 등에 관한 법률', '신용정보의 이용 및 보호에 관한 법률', '형법', '민법', '주민등록법', '스토킹 범죄의 처벌 등에 관한 법률', '개인정보

보호법', '경범죄 처벌법' 등 법률이 촘촘하게 마련되어 있다.

그 때문에 탐정이 업무 수임과 수행 시 대가만을 생각하고 리스크에 유의하지 않을 때 법률 위반의 가능성이 상존한다. 이는 잘못된 판단으로 업무 수행이 이뤄진다면 탐정으로서는 탈법과 위법, 편법, 무법의 상황과 상시로 조우하게 된다는 것을 의미한다. 정상적인 탐정 업무를 수행하려면 불법성이 내재한 영역에는 결코 뛰어들 수도 없고 뛰어들어서도 안 된다.

그러면 이제 정상적인 탐정 시장 상황을 살펴볼 필요가 있다. 합법적으로는 보험회사, 법무법인, 각종 협회나 조합 등에 고용되거나 개인사업자로서 의뢰받고 수임 업무를 진행하는 형태로 이뤄지고 있다. 기업이나 단체 등에 의해 고용된 사람들은 탐정이라는 용어 자체를 사용하지는 않지만, 업무 수행 목적과 방식은 탐정과 동일하다.

탐정이 수행하는 기본 업무는 전문가에 따라 여러 가지로 분류, 제시되고 있다. 기본적으로는 사실 확인 및 증거자료 수집, 부동산 조사, 미아와 가출청소년 소재 파악, 지식재산권 조사, 교통사고 및 보험범죄 조사, 불법 도청 탐색, 산업스파이 조사, 휴대폰 포렌식, 위변조 과학 조사, 해외 도피 사범 추적 등의 영역에서 업무가 주로 진행된다.

이 가운데 보험범죄 분야에서의 탐정은 이미 확고한 영역을 확보하고 있다. 금융 당국에서는 오랫동안 보험사기를 뿌리 뽑겠다는 의지를 천명한 바 있다. 금융감독원은 2001년 보험사기를 조사하는 전담 기구 설립에 이어 2004년 보험사기 감시 시스템을 가동하는 등의 노력을 기울여 왔다. 그러나 범죄 방식이 날로 고도화, 전문화, 조직화하는 가운데 사기 규모가 날이 갈수록 커지는 것이 현실이다.

보험사기 적발 금액은 이미 매년 조 단위를 넘어섰으며, 사기 혐의자가 10만 명을 상회하면서 경제와 사회의 현안으로 대두되는 상황이다. 이와 관련하여 예금보험공사로 대표되는 공적 보험기관은 물론 다수의 시중 보험회사에서는 보험사기, 부당 보험금 지급 요구 등에 대처키 위해 탐정 역할 수행 직원을 채용하고 조사 기법을 지속적으로 개발하는 등의 대응책을 마련 중이다.

예금보험공사는 조사국을 두고 경찰 출신을 조사 담당으로 채용하고 국내에서의 사기는 물론 해외와 연관된 사기에도 적극 대응해 왔다. 구체적으로는 내국인이 보험 및 예금과 관련하여 부당하게 해외로 빼돌린 금융 자산을 회수하기 위해 2007년부터 2015년까지 해외에서 현지 탐정을 고용하여 700억 원에 가까운 은닉 자산을 회수하는 성과를 거두었다.

민간 보험사의 경우 1996년 삼성화재가 최초로 SIUSpecial Investigation Unit 특별조사팀을 만들고 수사 분야 경력자를 채용함으로써 민간 기업 분야의 보험사기 대응 첫 사례를 만들었다. 그 이후 2016년 '보험사기방지 특별법'이 제정되면서 다른 보험사들도 SIU 설립 및 조사 담당자 채용을 본격화하였다. 경찰청에서 퇴직자를 위해 운영 중인 경찰 전직 지원센터 홈페이지에는 주기적으로 민간 보험사의 SIU 근무자 모집 공고가 올라오는 상황이다.

SIU는 국내 탐정업이 법률적으로 제도화되지 못했던 현실에서 가장 오랜 기간 탐정 성격의 업무를 수행해 온 직군이다. 이 조직은 '보험범죄 조사팀'으로도 불리는데, 사실상 법적으로 탐정업이 허용되기 이전부터 존재하였다. 보험 관련 범죄의 급증, 방식의 정교함에 따라 대응책 마련이 시급한 가운데 그 중요성과 필요성이 점차 높아지는 상황이다.

국내 상당수 법무법인도 '검경檢警 수사권 조정' 이후 높아진 경찰의 위상을 감안하여 경찰 수사관 출신을 대상으로 고문, 전문위원, 자문위원 형식으로 채용하고 사실관계 확인, 상담 등에서 십분 활용 중이다. 다수의 탐정이 법무법인에 적을 두고 활발하게 활동 중이라는 것은 변호사의 대체재가 아닌 보완재의 기능을 수행하고 있음을 의미한다.

2020년 탐정 명칭의 사용 가능에 따른 업무 범위의 확대가 이뤄지기 이전에는 변호사와 탐정 간 갈등이 상당히 심각했다. 변호사 업계에서는 "탐정이 수행하는 업무 자체가 변호사법 등에 저촉되는 만큼 반드시 그 역할을 제한해야 된다."라면서 날 선 반응을 보였다. 의뢰인으로부터 대가를 받은 탐정이 소송 사건과 관련된 정보를 제공하는 행위가 변호사법을 위반하는 것으로서 특정인의 사생활을 심각하게 침해할 가능성이 있다는 이유를 들어 탐정 관련 법의 제정에도 적극적인 반대 입장을 견지했다.

그러나 근래에는 법무법인 다수가 탐정업계와 협업 관계 구축에 나서고 있다. 업무 확장성을 기하려는 법무법인의 경우 산업기밀 유출, 지식재산권 침해, 평판 조회, 디지털 포렌식 같은 특수 분야 센터를 설립하고 해당 영역에서 전문성을 갖춘 탐정을 채용, 기업 위주 고객의 수요에 능동적으로 대응하는 중이다. 법무법인 간 치열한 경쟁이 벌어지는 것이 현실인 가운데 특화, 차별화가 법률 시장에서 경쟁력의 원천이 되는 시대임을 알리는 징표이다.

한편, 특이한 사례로는 문화체육관광부 산하 스포츠윤리센터[7] 에서는 체육계 비리 및 인권침해에 대응키 위하여 경찰 출신을 계약직 전문위원으로 채용하고 사실 조사 업무를 위임했었다. 그 외에 일부 신생 경제 관련 협회가 자체적인 감사 시스템을 갖추지 못한 상황에서 내부 비리와 문제점 등을 선제적으로 파악하고 대책을 마련할 목적으로 경찰 수사관 출신 탐정들과 용역 계약을 체결하고 자문을 받은 예도 있다.

이외에 주목되는 대목은 신용과 정보가 생명인 부동산 분야에서 최근 부동산 탐정의 개념이 도입되는 등 새로운 업무 수행 방식과 수익모델의 등장이다. 부동산 탐정은 부동산 거래를 둘러싼 사기를 예방하거나 피해를 당한 사람들을 위해 재산의 회수를 돕는 것을 핵심 업무로 삼는다. 세부적으로 살펴보면 부동산과 관련하

---

[7] 국민체육진흥법 제18조를 근거로 설립되었으며 재단법인 형태로 운영하면서 체육의 공정성 확보와 체육인의 인권 보호를 목적으로 삼는다. 가해자 처벌 현실화, 피해자의 회복을 돕기 위한 심리, 정서, 법률 등 종합적인 지원을 하며 예방 교육과 국내외 정보 공유도 업무에 포함된다.

여 문제를 일으킨 대상자의 소유권 사실 여부 조사, 은닉 재산 파악, 문서 위변조 조사, 시행 현장 조사, 기획부동산 업체에 의한 피해 조사, 유치권 사실 여부 파악과 같이 난도가 높은 것들이다.

이와 관련, 업역을 대표하는 단체도 존재한다. 부동산 관련 업무 종사자들이 대학교 최고경영자 과정의 탐정 전문교육을 받고 의기투합해 2021년 한국 부동산 탐정협회를 설립하였다. 부동산과 탐정을 결합한 이 단체에는 탐정 교육을 이수한 공인중개사, 부동산 개발 및 시행업체 관계자, 빅데이터 업체 관계자, 전직 수사관 등이 주요 회원으로 참여하고 있다.

탐정의 조사 및 확인 기능과 결합한 비즈니스 영역의 확대 기미가 보이는 가운데 NFT대체 불가능 토큰 거래를 통한 자금세탁 대응 같은 업무의 신개념을 모색하는 중이며 탐정 교육의 새로운 커리큘럼이자 수익모델로도 관심을 받고 있다. 근래에는 복지 탐정, 사이버 탐정, 산업안전 탐정 등 그간 들어보지 못했던 탐정의 파생 개념도 소개되는 상황이다.

복지 탐정은 막대한 규모의 복지 예산이 제대로 집행되어 필요한 대상에게 혜택으로 돌아가는지 민간 단체와 협업을 통해 감시, 점검하는 공익적 성격을 갖는다. 사이버 탐정의 경우 범죄의 양상에 맞춰 인터넷, SNS 등 IT 매체를 기반으로 이뤄지는 각종 사건을 추적하는 것으로서 관련 지식과 기술을 갖춘 탐정들이 미래의 먹거리로 인식하는 영역이다. 산업안전 탐정은 제조업체나 건설사에서 근무하는 사람들이 현장 안전 문제를 탐정의 시각과 기법으로 접근, 해결하기 위한 목적으로 탐정 교육을 받으면서 생겨난 것이다.

　모든 것이 가능한 탐정에서 특정한 것에 집중하는 탐정으로의 전환기에 접어든 만큼, 수익을 전제로 하되 특화된 분야 개발이 긴요하다. 탐정업의 현안인 전문화 부분에서 심도 있게 다루겠지만 기존의 일반적인 탐정 업무에서 벗어나 새로운 영역을 개척해야만 직업으로서 지속 가능성을 담보할 수 있다.

　대다수 전문가는 지금처럼 모든 탐정의 업무가 동일한 가운데 가격 경쟁을 지양하지 않을 때 탐정 시장은 레드오션을 벗어날 수가 없다는 데에 의견을 같이한다. 탐정이 경제 및 사회 생태의 구성원으로서 공익과 수익의 균형점을 찾으면서 공동체로부터 존재를 인정받고 필요성을 유도하려면 변화를 읽고 이에 적응하는 노력이 요구된다. 즉, 탐정의 새로운 영역을 모색하고 이를 사업화로 연결하는 것이 우선이다.

2절. 미래의 선택

　탐정과 탐정업의 미래를 놓고 관련 업계와 단체, 연구진 등이 지속적으로 고민 중이지만, 선진국처럼 정착화, 활성화가 되지 않은 국내 상황으로는 앞으로 갈 길이 요원한 것이 사실이다. 그럼에도 새롭고 다양한 위기 요인이 지속적으로 발생하는 현대사회에서 필요한 직역으로서 탐정업의 앞길이 결코 어두운 것은 아니다. 이 업종에 관해 관심을 두는 청년층과 실제 종사자가 증가세를 보이고 있으며 사회의 인식도 과거에 비해 개선되는 상황이므로 그간 기울인 업계의 노력이 결실을 볼 것이다.

탐정과 탐정업의 미래와 관련하여 다양한 의견이 제시될 수 있지만 본 저서에서는 방향, 방식, 방법의 세 가지 측면으로 제시토록 하겠다. 즉, '어느 방향으로 나갈 것인가?', '어떤 방식으로 일할 것인가?', '어떤 방법을 쓸 것인가?'에 대한 질문과 답변이라고 할 수 있다.

우선은 '어느 방향으로 나갈 것인가'의 문제이다. 그간 국내 탐정업계는 대상자의 사생활 탐지로 상징되는 개인 고객 위주의 업무를 수행했기 때문에 상시로 법적 리스크, 단발성 소액 수입 등의 실정을 벗어나지 못했다. 게다가 법조 인접 직역임에 따라 수시로 다른 직역으로부터 업무와 관련하여 견제가 지속되는 상황이다. 결국 미래의 탐정과 탐정업은 발상의 전환을 통해 선진국 업체들과 마찬가지로 실물경제의 생태계로 들어가는 것이 필요하다.

여기에서 고객의 범위를 확장하는 쪽으로 방향을 선회하는 것이 무엇보다 중요하다. 탐정업 종사자들은 향후 기업, 공공기관, 단체 등을 대상으로 삼는 위기 관리 컨설팅 차원으로 업무의 방향을 잡아야만 된다. 고객으로부터 위임받을 업무가 사실관계 확인 수준을 넘어 리스크로 해석되는 신호를 탐지하고 해석과 함께 솔루션을 제공하는 차원으로 나가야만 탐정에게 새로운 시장이 열리고 미래가 담보될 것이다.

글로벌 차원의 네트워크와 시스템을 구비하고 업무 노하우를 축적해 놓은 해외 주요 탐정 기업이 국내 시장에 진출을 본격화하면 공략 대상은 개인이 아닌 대기업 위주가 될 것이 자명하다. 따라서 시장을 지키기 위해서라도 국내 탐정업계는 기업에 초점을 맞춰 업무를 수행할 수 있도록 실력과 규모를 키우고 노하우를 지속적으로 축적하는 노력을 기울여야 할 시점이다.

이와 관련하여 기업 탐정이 미래의 모델로서 제시될 수 있다. 기업은 상시로 내외로부터의 리스크에 직면한다. 내부적으로는 구성원에 의한 횡령, 자금세탁, 규정 위반, 정보 유출 등이 벌어지고 있으며 특히 규모가 큰 사업장, 다수의 계열사를 가진 기업일수록 통제 시스템을 갖췄음에도 불구하고 부정행위는 더 활발하게 이뤄지는 경우가 많다.

외부에서 오는 리스크 역시 기업의 현안이 된다. 해당 기업의 경쟁사는 물론 심지어는 협력업체와의 관계에서도 위험 요인은 존재하기 때문이다. 이러한 일들은 기업의 신뢰도에 엄청난 타격을 가하며 외부에 알려질 경우 이미지 하락은 피할 수 없게 된다.

기업 탐정은 전문성을 기본으로 삼아야만 지속 가능성을 담보할 수 있다. 무엇보다도 수행해야 할 업무가 경제와 연관성을 갖는 만큼 보여주는 수준을 기업의 눈높이에 맞춰야만 한다. 아울러 기업이 자신의 수요에 따라 탐정에게 요구하는 분야가 광범위하고 다뤄야 할 정보의 양도 많으며 문제 해결을 위한 과정 또한 복잡한 특성을 갖는다. 이를 몇 가지로 요약해 보면 다음과 같다.

먼저 기업의 보안과 관련된 것이다. 외부 세력 또는 내부자에 의한 산업스파이 행위를 차단하는 업무로서 기업의 핵심 기술과 경영 정보를 지켜주는 것이다. 특정 기업을 목표로 삼아 이뤄지는 산업스파이는 전산망 해킹, 재직자 매수 등의 방식으로 목적을 달성하는바, 국내 반도체, 조선 등 주요 산업에서는 당장의 현안으로 떠오른 상황이다. 언론에 수시로 보도되는 중국 업체의 다양한 산업스파이 행위는 기업 보안의 중요성을 상징하는 사례이다.

또 하나는 기업의 내부 감사와 관련된 것이다. 경영자로서 내부 구성원의 비위행위를 제대로 제어하지 못하면 기업 운영에 막대한 차질을 피할 수 없게 된다. 재무 담당자의 회계 부정으로 인해 기업 자체의 존립 위기로 이어졌던 사례는 손으로 꼽기도 어려울 정도로 많은 것이 현실이다. 기업의 감사 기능이 작동된다 해도 완전무결할 수는 없는 만큼 '제3자'인 탐정의 시각과 판단을 통해 안전장치를 확보하는 것이 경영자의 지혜라고 할 수 있다.

그리고 여기에 더해 필요한 부분이 있다. 이는 외부 기업 대상의 정보조사와 수집에 관련된 것이다. 기업은 거래처, 협력업체 등과 상시로 관계를 하며 계약을 맺고 이를 진행한다. 그 때문에 상대방의 신용도와 재무 건전성, 업계 평판 등을 수시로 파악해야만 계약의 확실성과 지속성이 담보되는 만큼 정확한 관련 정보가 필수적이다. 규모가 큰 기업은 인수합병M&A이나 투자도 사업의 범주 내에 들기 때문에 이 과정에서 대상 업체나 국가, 지역에 대한 파악이 긴요하며 탐정으로서는 역할의 공간이 만들어진다.

기업이 보안, 정보, 감사 등의 분야에서 자체적인 조직과 역량을 갖고 있으면서 비용을 들여 굳이 외부자인 기업 탐정과 계약을 맺고 업무를 위임하는 데는 이유가 있다. 무엇보다도 보안 유지, 내부통제, 객관성 담보 차원에서 외부의 조력이 필요하기 때문이다.

기업으로서 산업스파이 사건에 따른 피해 발생 시 공권력에 의지할 때 대외에 알려지면 이미지 실추가 이어지는 것을 우려하여 보안 유지하에 노출을 피하고 조용한 해결을 위해 탐정을 찾는다. 내부통제는 사내에서 문제를 해결하면 자칫 내용이 유포, 전파될 가능성이 높고 온정주의에 따른 감사 기능의 약화를 방지하려는 차원으로 직접적인 이해관계자가 아닌 탐정을 통해 문제에 접근하는 것이다. 객관성 담보를 위해서는 무엇보다 '제3자의 시작'이 필요하다는 것이다. 기업이 문제를 놓고 자체를 객관화시키기 어려운 상황에서는 외부자인 탐정에게 해결을 의뢰함으로써 취약점을 파악하고 대응 방안을 모색하는 것이 가장 현명한 선택이기 때문이다.

이제 어떤 방식으로 일할 것인가의 문제이다. 이는 단독개업이 아닌 법인화와 체인화의 방식을 의미한다. 탐정은 자신의 경력, 능력 등에 의해 각기 특장점을 갖고 있다. 공개 정보OSINT나 인간 정보HUMINT에 특화된 탐정, 기술과 장비에 정통한 탐정, 탐문과 면담을 전공으로 삼은 탐정, 영업과 소통에 일가견을 가진 탐정, 분석과 판단에서 실력을 보이는 탐정 등 다양한 스타일의 탐정이 각자의 영역을 가지고 업무를 수행한다.

우리 속담에 "구슬이 서 말이라도 꿰어야 보배다."라는 말이 있듯이, 탐정 각자가 가진 능력을 한군데로 모으는 것이 중요하다. 그래야만 수임의 영역이 확대되고 규모의 경제도 이룰 수 있다. 이것을 위해 필요한 것은 탐정법인이다. 전문가 집단을 이뤄 업무를 수행한다면 사건 수임 과정에서 신뢰도가 제고되며 집단지성을 활용한 해결 방안 마련도 가능해진다.

한편, 기존 탐정법인 중에서는 리쿠르트 방식으로 개별 탐정사무소를 물색하여 위임받은 업무를 특정에 맞도록 배정해 주고 개인 탐정이 취급하기 어려운 디지털 포렌식, 대도청 탐색 지원 서비스를 진행하고 있다. 즉, 탐정법인과 탐정사무소의 협업 모델인 것이다.

이제 어떤 방법을 쓸 것인가의 문제를 살펴볼 차례이다. 탐정이 자신의 경험치와 인적 수단만을 무기로 삼는다면 업무 수행 시 한계에 봉착하게 된다. 목표로 삼은 모든 자료와 증거가 현장에서 구해질 수도 없고, 구해진다고 해도 이를 처리 및 분석해야 하는 현실은 아날로그가 아닌 디지털의 차원, 즉 과학기술의 힘이 필요하다는 결론과 만나게 된다. 이 대목에서 탐정이 선택해야만 되는 대표적인 기술이 AI인공지능라고 할 수 있다.

기술의 발전과 함께 AI가 다양한 영역에서 활용되는 가운데 탐정업의 경우 업무의 효율화와 정확성 확보 차원으로 볼 때 필요한 존재이다. AI는 방대한 규모의 데이터를 분석하고 숨겨진 패턴의 인식을 가능토록 해줌으로써 복잡다단한 문제를 안고 있는 탐정의 강력한 업무 도구로 등장하였다. 탐정이 고객으로부터 위임받은 업무 수행을 위한 정보의 수집과 분석, 평가 과정에서 AI는 분명히 신뢰할 수 있는 조력자가 될 것이다. 여기에서 기대되는 효과를 몇 가지로 나눠 살펴보도록 하겠다.

첫째, AI는 기존의 방식과 달리 방대한 양의 데이터를 신속, 정확하게 처리해 주는 능력을 갖췄다. 탐정이 각종 문서와 이메일, CCTV 영상 같은 다양한 형식의 데이터를 분석할 때 다수의 인력이 투입되는 수작업 방식은 더 이상 해결책이 아니다. AI의 처리 속도와 정확도에 의지한다면 탐정 업무의 효율성은 획기적으로 증대될 것이다.

둘째, AI는 사건 해결의 실마리를 풀어 줄 이미지와 영상 분석에 유용한 존재이다. 증거자료로 제시된 CCTV 영상이나 사진을 분석하는 작업은 탐정의 기본 업무로서 AI가 가진 안면 및 물체 인식, 동작 분석 등의 기술을 적극 활용한다면 오감에만 의지함으로써 일어날 수 있는 오판독의 가능성이 낮아지게 된다. 당연히 탐정 업무의 신뢰도가 보장될 수 있다.

셋째, AI는 예측 분석 기능을 통해 사건 해결의 방향성을 제시해 줄 수 있다. 기존의 데이터를 기반으로 삼아 미래의 발생 가능성, 연루 인물과 단체 등에 대한 추론이 도출되면 탐정으로서는 확실히 방향을 잡고 업무에 임할 수 있게 된다. AI가 러닝머신 알고리즘을 가동하면서 상수 이외에 다양한 변수가 고려된 시나리오를 만들어 낼 경우, 사용자인 탐정은 그 결과를 가지고 미제 사건에 대해 전략적으로 접근이 가능해진다.

넷째, AI는 탐정의 핵심 업무인 정보 수집과 분석 시 선입견과 편견의 리스크를 줄이는 방식으로서 유효하다. 오랜 경험을 가진 탐정일수록 자신의 직관을 바탕으로 판단과 결정을 내리는 경우가 많다. 이에 반해 AI는 객관적이고 이미 검증된 데이터를 기초로 판단과 결정을 하므로 사용자의 주관을 원천적으로 배제한다. 인간의 오판이 줄면서 객관성이 담보된 판단의 결과는 탐정에게 대단히 유의미한 참고가 될 것이다.

3장

탐정업의 현안과 과제

1절. 법제화 달성

탐정업과 관련하여 상시로 나오는 질문이 있다. 즉 "업무와 신분을 법적, 제도적으로 보호받을 수 있을 것인가?"라는 것이다. 각종 법률과 직결된 업무를 수행하는 탐정으로서는 법의 테두리 내에서 권한과 의무, 책임이 명확하게 정해지길 바라는 상황이다. 법률을 기반으로 공인된 상황에서 활동할 수 있어야만 직업의 안정성이 담보되며 사회적으로 필요한 구성원임을 인정받고 공동체 발전에 기여할 수 있기 때문이다.

탐정 분야 전문가들은 OECD 회원국 실태를 기준으로 삼고 우리나라의 경제 규모 및 수준 등을 데이터로 활용하여 시뮬레이션을 거친 후 "국회에서 탐정업 관련 법이 통과되면 탐정 시장 규모는 약 3~5조 원에 이를 것"[8]이라는 예측치를 내놓았다. 시장 규모와 관련하여 물론 보수적인 추계도 존재하는바, 경기대학교 산학협

---

8) 이상원, "탐정 산업 3~5조 규모… 탐정사 국민자격증 될 것", 전자신문, 2022. 11. 2.

력단의 연구 결과로는 탐정 산업이 본격적으로 육성될 때 연간 1조 3천억 원 규모의 시장이 형성될 수 있다[9]는 것이다.

탐정의 업무는 일반 시민이 국가에 의해 충분히 보호받지 못하는 상황에서 이뤄진다. 국가가 간섭 또는 관여할 수 없는 영역에서 개인이나 기업 등이 타인에 의해 권리 침해와 신체적, 경제적 피해나 손해를 입었을 경우 탐정은 피해 당사자의 의뢰를 받아 사실관계를 조사하는 것을 목적으로 삼고 있으며 제4차 산업혁명 시대에 걸맞은 직업군으로서 조망되고 있다.

따라서 공인된 전문자격사로서 탐정이 활동할 수 있도록 법적 기반 마련이 긴요한 상황이다. 이것이 이뤄진다면 각 대학에서 매년 배출되는 탐정학 및 경찰행정학 전공자, 오랜 수사 경력을 가진 경찰과 검찰, 국가정보원, 군사경찰 등 정부기관 출신 인력 등을 국가와 사회 안정을 위해 십분 활용할 수 있는 계기로 작용할 것이다. 아울러 이는 국가의 현안 가운데 하나인 일자리 창출과도 직결된다.

이른바 '선진국 클럽'으로 불리는 OECD 국가 가운데 우리나라만 아직 공인 탐정제도가 시행되지 않은 상황이다. 이런 가운데 사회 일각에서는 국가의 수사력이 물리적, 제도적으로 한정된 까닭에 국민 다수가 만족스러운 치안 서비스를 받지 못한다는 목소리

---

9) 김정범, "불륜 조사나 하는 탐정은 옛말⋯ 포렌식으로 산업스파이 잡아줍니다", 매일경제, 2024. 3. 8.

와 함께, 검증되거나 감독받지 않는 탐정의 활동으로 인한 부작용을 억제하고 국민의 피해를 차단키 위해서라도 탐정업계를 관리 및 감독할 필요성이 있다는 법제화 주장이 제기되는 상황이다.

해당 법률의 입법에 나서는 국회의원들의 논리는 "국민으로서 자신의 당연한 권리를 구현하거나 조속한 피해 복구를 위해 적법한 자구 행위를 할 수 있어야 하며 본인이 직접적으로 조사를 하기 어렵거나 전문성이 부족할 경우 전문 직업인에게 의뢰함으로써 도움을 받아야 한다."라는 것이다. 해당 의원들은 국민의 수요를 충족시키되 난립한 탐정사무소, 심부름센터 등의 불법적인 조사 행위가 근절되도록 탐정과 관련된 법적인 근거 마련이 시급하다는 점을 강조하고 있다.

입법부로서는 법적 조치의 마련을 통해 이미 직업군으로 존재하는 탐정을 제도권으로 진입시키는 것이 사회적으로도 이익이 될 것이라는 판단을 내렸기 때문이다. 이는 법제화를 통해 탐정업의 활성화를 진행하면서 업계 종사자의 활동을 지도 및 관리, 감독해야 한다는 당위성 차원의 접근이다. 법제화가 이뤄질 경우 탐정 업무의 적법성이 보장되고 국민의 권리 보호가 가능하다는 것이 논리의 출발점이다.

우리나라에서는 법적으로 탐정의 권한과 업무 범위가 명확하게 규정되지 않는 상황이라 탐정업 종사자들은 법이 제대로 작동되지 않는 회색지대에 머물며 자칫 불법과 탈법의 행태를 보일 가능성이 상존한다. 이를 타개키 위한 노력이 입법부의 법제화 활동으로 이어지고는 있지만 이해관계자의 입장이 극명하게 갈리며 이해관계자 내에서도 각자의 셈법이 다르다.

과거 국회에서 발의된 '공인 탐정의 관리에 관한 법률'을 들여다보면 탐정의 업무를 '미아·가출인·실종자·도피한 불법 행위자에 대한 소재 파악과 관련된 사실 조사, 도난·분실·은닉 자산의 추적 및 소재 확인과 관련된 사실 조사, 의뢰인의 권리 보호 및 피해와 관련된 사실 조사' 등으로 한정시켰었다. 그럼에도 반대론자들은 탐정의 의뢰인 권리 보호와 사실관계 조사 범위가 상당히 넓으므로 사실상 조사를 빌미로 무소불위의 권한을 부여하는 것이라며 입법 불가의 강경한 입장을 견지하였고, 법률안은 결국 본회의 상정의 단계까지 이르지 못했다.

그 후 21대 국회에 들어서 이명수 의원, 윤재옥 의원, 황운하 의원 등이 탐정업계의 요구를 기반으로 삼되 감독관청[10]의 철저한 관리하에 제한적인 수준에서 업무가 이뤄지도록 규정한 법안을 발의하고 공청회, 간담회 등을 여러 차례에 걸쳐 진행했었다. 그러나 법무부와 행정안전부 간의 소관 문제와 변호사 단체의 반발 등으로 인해 결국에는 본회의 상정을 못 한 채 폐기되었다. 이는 지난 17대부터 20년간 지속적으로 이어진 현상이다.

---

10) 발의자 공히 경찰 출신이거나 국회 행정 안전위원회에서 활동했기에 경찰청을 관리, 감독기관으로 지정할 것을 제안하였다.

21대 국회 당시 각 의원이 발의한 법안은 이해관계자 간의 충분한 사전 조율이 미흡했었다. 따라서 각자 관련된 탐정협회별로 의견이 나뉘고 누가 주도권을 행사하느냐의 문제가 드러남에 따라 법제화 내용에 관한 입장 통일이 매우 어려운 실정이었다. 각종 난관을 뚫고 법제화가 성사되어도 난립한 각 협회의 통합, 정법 단체를 구성하는 것 등 지난한 과정이 필요하므로 22대 국회가 출범한 현재로서도 향후 상황을 쉽사리 예측하기 어려운 것이 현실이다.

동 법안을 발의했던 의원들은 탐정과 탐정업의 실체를 인정하고 이를 양성화할 필요성에 적극 공감했는바, 소속 정당은 달라도 모두 경찰 출신이거나 소관 상임위원회인 행정안전위원회에서 다년간 활동했다는 공통점을 갖고 있다. 이는 경찰과 행정안전부의 요구는 일정 부분 반영되었지만, 여전히 법조계와 법무부의 동의가 전제되지 않았음을 의미하는 것이다.

법조계에서는 검경 수사권 조정으로 인해 수사와 관련된 업무 및 관련 정보가 경찰로 쏠린 상황에서 전, 현직 경찰 간 유착의 가능성이 높다는 점을 들며 '전관예우'의 폐해의 문제점이 나타날 것이라고 경계하는 중이다. 한 걸음 더 나아가 탐정업의 법제화가 이뤄지면 증거가 중요하게 작용하는 형사사건에서 부작용이 지속적으로 발생할 것이라는 논리를 편다. 경제적으로 여유가 있는 의뢰인이 다수의 탐정을 고용할 경우 그렇지 못한 상대방과 사이에 증거의 비대칭 현상이 벌어지고 결국 재판에서 공정성이 담보되지 못한다는 것이다.

이에 반해 법제화를 요구하는 입장에서는 법적으로 공인 탐정제도를 도입함으로써 국민의 권익 보호에 필요한 탐정의 장점을 최대한 살리되 관리와 감독, 처벌 규정 등을 통해 일각에서 우려하는 부작용의 방지가 가능하다는 논리를 갖고 있다. 이 논리는 현실적으로 존재하는 국내 탐정 시장의 개선 및 직업군의 양성화를 위한 차원에서 출발한다.

즉, 2020년 '신용정보법' 개정 이후 탐정업이 합법화된 가운데 관련 단체의 난립, 민간자격증의 남발 같은 부작용이 나타나고 있음에도 이를 관리 및 감독할 정부 소관 부처가 부재한 관계로 선량한 국민의 사생활 침해가 다수 발생 중인 만큼 후속 입법을 통해 법적으로 권리와 업무 범위를 정해주고 확실한 통제를 통해 문제점을 해결하자는 접근이다. 탐정이 법의 테두리 안에서 활동하도록 해주자는 의미이며, 이는 탐정이 법제화를 기반으로 활동 중인 OECD 국가의 논리 및 정책과 궤를 같이한다.

탐정 학계에서는 탐정 관련 입법을 단지 탐정의 불법 행위에 대한 규제에 목적을 두는 것을 넘어 건전한 민간 조사 시장의 활성화 차원으로 접근할 것을 강조하고 있다. 즉 "민간 보안 시장의 급속한 성장과 광범위한 역할 확대에 따라 탐정업에 관한 적정한 관리와 감독을 통해 국민에게 양질의 사실 조사 서비스를 제공하여 국민의 권익 보호에 이바지하고, 탐정 업무 수행에 적합한 자격 기준과 윤리적 의무를 규정하여 탐정업의 건전한 발전과 육성을 도모하는 것을 목적으로 삼아야 된다."[11]라는 논리이다.

탐정과 관련된 입법은 국민의 권익 보호, 선진 국가의 운영 사례, 양질의 신규 일자리 창출 등의 차원으로 볼 때 더 이상 지체되어서는 안 되는 시대적 과제이다. 현재와 같이 입법에 별다른 진전이 없다면 국가의 공권력이 지속하기 어려운 장기 미제 사건, 민사소송 등 분야에서 국민이 입는 권리 침해의 해결은 어려워진다. 민생경제의 활성화와 사회 구성원 간의 갈등 해소가 시급한 시점에서 입법부는 물론 행정부도 소관 부처 문제에 대해 전향적이며 대승적인 접근과 함께 실질적인 조처를 해야 한다.

결국 중요한 것은 세계적인 추세와 국민의 수요를 기준으로 삼아 조속한 시기 내에 법제화의 방향으로 나가야 한다는 것이다. 다만 입법을 통한 공인 탐정제도의 도입 문제를 놓고 다양한 이해관계자들 간의 사전 논의는 필요하다. 법무부, 행정안전부, 경찰청뿐만 아니라 변호사 단체, 유관 기관, 유관 직역 단체 등이 참여하는 협의체 운영이 전제되고 그 결과로 합의가 도출되어야만 입법이 가능해지기 때문이다.

---

11) 이상수, "한국형 탐정제도 법제화를 위한 방향과 전략-디스커버리 제도와의 연계를 중심으로", 「형사사법 체계의 변화에 대응한 탐정제도의 법제화 방향과 전략 세미나 자료집」, 한국탐정정책학회·김용판 의원실, 2023. 7. 3., p. 50.

2절. 전문화 확립

국내 탐정업계는 지금 적극적인 변화를 통한 발전이냐, 아니면 안주에서 벗어나지 못한 퇴행이냐의 기로에 서 있다. 한정된 기존 시장은 레드오션으로 변질되면서 새로운 먹거리 창출도 난망한 상황이다. 탐정업계 일각에서는 국민이 입는 피해의 구제와 회복, 권리 향유를 지원하는 서비스업종으로서 지고한 가치와 중요성을 가졌음에도 법적, 제도적 여건의 미비는 물론 확고한 목표와 원대한 비전을 제시하지 못한 채 표류 중인 상황이라며 우려의 목소리가 나오고 있다.

이들이 우려하는 배경을 살펴보면 탐정업계가 갖는 전문성의 결여, 서비스의 한계, 경제성의 부족 등이 존재한다. 특히 전문성은 법적, 제도적 여건의 미비에도 불구하고 탐정업계를 살릴 수 있는 최고의 덕목으로 제시된다. 국내의 다른 직업군 가운데 법과 제도를 통해 보호, 관리되는 경우는 많지 않고, 결국에는 그 직업군이 갖는 전문성이 자신을 지키는 무기이다.

탐정의 전문성 결여는 복잡다기한 사건을 적시에 효과적으로 처리할 때 요구되는 기술과 경험, 지식을 갖추지 못하는 데서 비롯된다. 이는 고객의 신뢰에 악영향을 미치고 서비스 자체의 질이 저하되는 결과로 이어진다. 따라서 국내 탐정업계가 이러한 문제를 해결하고 발전을 기약하기 위해서는 차별화된 전문성의 강화가 선결 과제이다.

탐정의 전문성에는 조사 기법과 노하우, 정보의 수집 및 분석 능력뿐만 아니라 법학, 심리학, 사회학 등 관련 학문에 대한 이해가 포함되며, 반드시 기술적 기반 구축도 병행되어야 한다. 범죄심리학 같은 경우 사건을 둘러싼 동기와 의도 및 행동 패턴 분석에서 중요하다. 디지털 시대를 맞아 필수적으로 요구되는 사이버 보안과 디지털 기술 역시 전문성을 추구하는 차원에서 이제는 탐정이 기본적으로 갖춰야 할 능력이다.

이와 같은 탐정의 전문성은 고객을 대상으로 고품질, 고차원의 서비스를 제공하고 복잡한 사건을 효과적이고 윤리적인 측면에서 해결하는 데 있어 관건이 된다. 전문적인 역량과 지식을 갖춘 탐정은 합법의 테두리 내에서 사건을 처리함으로써 법률적인 리스크를 감소시키고 고객의 수요 만족과 권리 보호라는 결과를 도출할 수 있다. 이렇게 된다면 고객 신뢰도의 향상은 물론 탐정업계의 이미지 제고도 가능해진다. 사회 공동체로부터 존중받는 분위기가 조성된다면 신뢰도 향상과 함께 청년층 대상의 인재 유치도 새로운 전기를 맞이할 가능성이 높아진다.

특장점이 없는 제너럴리스트로서 수임 업무의 경중과 선후를 가리지 않는 수준에서 벗어나, 자신만의 능력과 무기를 갖추고 고부가 가치의 업무를 선택, 집중하는 스페셜리스트로의 변신이야말로 탐정업계가 지향해야 할 급선무이다. 탐정의 취급 업무와 구비 시스템의 차별화는 고객에 의해 평가, 선택될 것이기에 전문성과 경쟁력 확보를 우선시할 필요가 있다.

탐정업이 수익모델로서 공고화된 미국의 경우 탐정들은 개인 고객 차원에서 벗어나 기업 고객을 대상으로 은닉 재산을 찾거나 지식재산권 침해 대응, 인수와 합병을 위한 정보의 수집 등 전문화된 임무를 수행하는 중이다. 다국적 제약업체인 화이자Pfizer의 의뢰에 따라 미국의 연방수사국FBI 수사관 출신 탐정들이 전 세계를 무대로 삼는 가짜 비아그라 제조 및 유통 조직을 추적함으로써 소기의 성과를 거양한 것이 상징적인 사례이다.

디지털 시대가 확고하게 자리를 잡으면서 탐정의 역할과 기능 또한 많이 달라져야 하는 상황이 눈앞으로 다가왔다. 급속한 기술의 발전 속에서 이제는 탐정이 관행적으로 의뢰받은 사건을 추적하고 감춰진 사실을 발견하는 데서 더 나아가, 능동적으로 사이버 범죄를 파헤치고 온라인 정보를 수집하며 디지털 증거를 분석하는 일까지 맡게 되었다.

IT와 AI의 급속한 발전을 악용한 각종 범죄는 수법이 날로 진화하고 변이를 거듭한다. 또한 범죄의 주체는 익명화, 조직화, 글로벌화 등의 양상을 보이기 때문에 기존의 법률과 체계만으로는 대응이 결코 쉽지 않은 것이 현실이다. 범죄자와 피해자 간에 생기는 정보 비대칭 현상 속에서 비대칭을 해소할 수 있는 존재가 필요해진다.

기술의 발전을 틈탄 각종 범죄가 다양한 방식과 수법을 통해 경제 질서를 무너뜨리고 피해자를 양산하는 것이 오늘의 현실로, 경찰청 국가수사본부 자료에 의하면 해킹, 악성 프로그램 유포 등 정보통신망에 불법적으로 침입하는 방식으로 저지른 범죄는 감소세를 보이지만 사이버 사기, 사이버 금융 범죄 등 정보통신망 이용 범죄는 증가세를 보이는 상황이다.[12]

　온라인상에서 벌어지는 범죄의 수법이 점차 교묘해지고 피해 규모도 지속적으로 확대되기에 경찰과 관련 부처가 대응책 마련에 고심 중이다. 그러나 조직과 예산의 부족, 범죄 조직의 국내외 연계, 관련 법률의 미비, 피해자의 미신고 같은 요인이 겹쳐 범죄자 대 조사 당국 간 비대칭 현상까지 벌어지고 있다.

　따라서 탐정으로서는 디지털 포렌식digital forensics으로 상징되는 최신의 기술을 기반으로 더욱 정확하고 신속하게 문제를 해결해야만 되는 과제를 부여받았다고 할 수 있다. 디지털 포렌식은 '전자 증거물 등을 사법기관에 제출하기 위해 용의자의 유전자나 지문, 휴대폰, PDA, 컴퓨터 하드디스크, 기업 회계자료 등의 데이터를 수집, 복원, 분석, 보고서를 작성하는 일련의 작업'[13]을 말한다.

　탐정 업무와 디지털 기술의 결합이 가져온 변화로 새로운 지평이 열리면서 일부 탐정협회나 탐정법인은 특화된 탐정 서비스를 내놓고 있다. 그 사례로는 국가 공인 탐정협회가 운영 중인 탐정법인 홍익에서 출시한 'CEO VIP 포렌식 서비스'로서 기업체 CEO를 대상으로 보안 유지하에, 스마트폰에 대한 첨단 보안 및 복구 지원을

---

12)　경찰청 국가수사본부 사이버수사국, 「2023년 사이버 범죄 트랜드」, p. 10.
13)　한경 경제용어사전.

하는 것이다. 스마트폰에는 CEO의 모든 것이 담겨 있기에 서비스에 대한 호응이 크다는 전언이다.

아울러, 이 탐정법인은 전문 인력과 최첨단 장비를 통해 기업, 공공기관 및 단체 등의 핵심 인사를 대상으로 집무실, 회의실, 차량 등에 대한 '대도청對盜聽 검측과 예방 서비스'를 제공 중이다. 조직의 핵심 인사와 관련된 각종 정보가 누설되었을 때의 위기 상황을 사전에 관리한다는 차원에서 향후 탐정과 탐정업의 미래 방향으로서 의미가 있다.

대도청 탐색을 전문적으로 수행하는 불법 감청 탐지업은 도청이나 불법 촬영[14] 등 법에 저촉되는 설비를 찾아내는 사업으로 과학기술정보통신부 산하 중앙전파관리소의 엄격한 심사를 통과한 업체만 영위할 수 있다. 이 업종은 개인정보보호와 기관, 기업 등의 보안 강화 및 범죄 예방을 위해 필수적인 것으로 대다수 업체가 기술 탐정의 역할도 병행한다.

개인의 인권과 직결되는 불법 촬영 탐지의 경우 이미 장비의 국산화가 이뤄져 경찰청, 교육청 등에 납품되어 다수 사용 중이다. 국내 전문업체는 탐지를 의뢰받거나 탐지 교육 사업을 수주받아 공공시설에서의 불특정 다수를 대상으로 이뤄지는 불법 촬영 범죄에 대응하고 있다. 국내 탐정 분야 전문가는 대중시설 대상의 불법

---

14) 그동안 '몰래카메라', '몰카' 등으로 불리었으나 관련 범죄의 급증세에 따라 법률적 성격을 가진 용어로 표기.

촬영 탐지 전문 탐정만 육성해도 5만 명의 신규 일자리 확보가 가능하다[15]는 예측을 내놓기도 하였다.

한편, 안보와 관련된 국가기관과 사업 기밀이 중요한 방위산업체 등을 중심으로 건물과 시설에 대도청 시스템을 구축하는 사례가 늘어나는 추세를 보인다. 이러한 시스템에 요구되는 장비와 기술은 그간 미국과 러시아, 중국, 이스라엘 등 보안 선진 국가가 시장을 과점했으나 근래에는 우리 업체들의 연구와 개발에 속도가 붙으면서 점차 국산으로 대체되는 중이다.

탐정으로서는 기술적인 전문화와 더불어 전문 분야 개척과 확보의 과제도 안고 있다. 대표적인 외국의 탐정 기업들의 경우 자신들을 '민간 조사 기업' 또는 '탐정 회사'로 부르는 것에 대해 부정적인 태도를 보이며, 자신을 '기업 리스크 자문회사'로 칭하는 상황이다. 이들의 논리 속에는 전문성을 갖추고 전문가와 시스템의 구비 하에 기업들을 대상으로 전방위적인 업무를 수행 내지 대행한다는 자신감과 자부심이 자리한다.

국내에서도 탐정 분야의 전문성을 추구하는 움직임이 일어나고 있는바, 구체적인 사례로서 부동산 탐정을 살펴보면 유의미한 신호의 포착이 가능해진다. 탐정 교육을 이수한 부동산 분야의 전문가들이 설립해 놓은 부동산 탐정협회는 빅데이터, 프롭테크, 오프라인 네트워크를 기반으로 삼아 부동산 거래의 안정성을 확보하고

---

15) 김종식, "다중시설 몰카 탐정만 육성해도 5만 명 일자리인데", 브레이크뉴스, 2018. 1. 26.

성숙한 거래 문화의 정착을 목표로 삼고 있다.

프롭테크는 부동산을 의미하는 Property와 기술의 영문인 Technology를 조합한 용어로, 블록체인 같은 첨단 IT 기술을 부동산에 접목해 거래와 관리를 개선하는 것으로서 부동산 탐정의 전문성을 상징한다. 부동산 거래에서 발생할 수 있는 다양한 리스크를 탐정의 시각과 기술의 지원을 통해 예측 및 예방하는 것으로서 최근 크게 주목을 받는 상황이다.

부동산 탐정 교육기관은 이를 위해 부동산과 탐정의 융합, 탐정 기법으로 분석한 부동산 거래 리스크 요인과 사례 분석, 탐정 기법을 활용한 부동산 조사, 특수경매, 부동산 빅데이터 분석과 활용 등의 커리큘럼을 운영 중이다. 그동안 관행에만 의지했던 부동산 거래에 탐정과 기술이 등장함으로써 새로운 영역이 개척되고 시장이 열린 것이라 할 수 있다.

4장

탐정업의 여건과 실태

1절. 국내 여건

우리나라의 경우 탐정업의 법제화가 이뤄지지 않은 실정이지만, 탐정법인, 탐정사무소 관계자들을 대상으로 면접과 설문 방식의 조사를 진행해 본 결과 탐정에 대한 수요가 지속적으로 증가 추세를 보이는 것은 분명하다. 개인은 물론 기업이나 단체들이 경제와 사회의 급속한 변화로 수시로 이해충돌, 위기 직면의 상황에 부닥치는 경우가 늘어남에 따라 해결책 마련에 고심 중인 가운데 공권력이 미처 부응치 못하는 사각지대의 공백이 생겼을 경우 전문성과 신뢰도를 갖춘 탐정이 메워 주길 바라고 있다.

탐정이 업무 수임을 하고 조사 활동을 이어 나가는 데 있어 경제와 사회의 여건은 대단히 중요한 요인으로 작용한다. 만약 여건이 허락되지 않는다면 수익 창출, 사회 기여는 어려워지며, 업무의 지속성과 확장성도 기할 수 없게 된다. 따라서 현재 국내의 탐정 및 탐정업과 관련된 제반 여건은 어떤지를 먼저 살펴보는 것이 필요하다.

경찰로 상징되는 국가 공권력의 존립 목적은 국민의 생명과 신체 및 재산을 보호하고 각종 범죄를 예방, 해결하는 활동을 통해 사회의 질서를 확립하고 안전을 확보하는 데 있다. 대한민국 헌법은 제10조에서 "모든 국민은 인간으로서 존엄과 가치를 가지며, 행복을 추구할 권리를 갖는다. 국가는 개인이 가지는 불가침의 기본적 인권을 확인하고 이를 보장할 의무를 진다."[16]라고 적시하고 있다. 최고의 가치가 인간임을 알 수 있는 대목이다.

  인간으로서 누려야 할 권리로서는 우선으로 생명권이 있다. 인간이 세상에 나오면서 부여받은 권리로서 절대적으로 지켜져야 한다. 인간에게는 타인으로부터 간섭받지 않는 자유권도 있다. 아울러 성별과 인종, 민족, 나이 등에 상관없이 누리는 평등권을 가지며 인간다운 삶을 누릴 수 있도록 보장되는 사회권도 존재한다. 그럼에도 우리 현실에서는 인권이 유린당하고 이에 대한 보호와 구제가 미흡한 경우가 비일비재하다.

  다만, 공권력이 만능일 수는 없으며 국민의 수요에 적극 대응하고 눈높이에 맞추어 집행되는 것은 현실적으로 쉽지가 않다. 선진국도 마찬가지이지만 공공 차원에서 수사력을 발동하기 위해서는 관련 법률과 규정, 일정한 절차가 요구되는 데다 예산과 인력의 한계가 분명히 존재하기 때문이다. 따라서 이를 보완해 줄 수 있는 존재가 필요하다.

---

16) 법제처, 국가법령정보센터.

이러한 현실에서 공권력의 한계를 보완시켜 줄 수 있는 선택지가 바로 탐정제도이다. 공권력이 미치지 못하는 사각지대에서 국민이 입는 피해의 구제 및 향유해야 될 권리의 실현을 위해 필요한 직업이다. 특히 본 저서에서 중점적으로 다룰 기업의 경우 민간경제의 주체로서 산업 생태계에서 핵심적인 역할을 담당하는 가운데 다양한 연유로 인해 탐정을 찾게 되는 상황에 직면하고 있다. 그 이유는 몇 가지로 정리토록 하겠다.

첫 번째는 기업을 대상으로 삼는 새로운 유형의 범죄 사건이 지속적으로 증가한다는 것이다. 기술의 발전은 경제의 성장점을 만들어 주며 산업 생태계의 활성화에 기여하지만, 이에 수반하여 악의적인 세력에 의해 악용되는 경우도 빈번하게 나타나고 있다.

대표적인 예로서 랜섬웨어ransomeware가 있다. 불순한 목적을 가진 인물이나 단체가 이메일 피싱, 가짜 웹사이트 등을 통해 목표로 삼은 기업의 컴퓨터 시스템을 감염시켜 사용자 접근을 차단하고 해결의 대가로 막대한 액수의 금전을 요구하는 데 쓰이는 악성 소프트웨어의 일종이다. 공격을 받은 기업은 '울며 겨자 먹기'로 요구에 응하든가 아니면 수사당국에 사건 해결을 의뢰할 수밖에 없는 상황으로 몰리게 된다.

실제로 러시아 전통주 보드카 생산으로 유명한 다국적 기업 스톨리그룹Stoli Group이 2024년 8월 외부로부터 랜섬웨어 공격을 받고 그룹 내 심각한 전산장애로 인해 재무회계와 인사, 생산 및 공급망 관리와 같은 전사적 자원 관리ERP 시스템이 완전히 불능 상태에

처하게 되었다. 이 그룹은 외부 세력의 막대한 해결 비용 요구를 거부한 상태에서 결국 은행권과의 거래 문제를 해결치 못하고 4개월 만에 사업장 소재지인 미국 텍사스 법원에 파산 신청을 하기에 이른다.

기술을 악용하여 기업에 피해를 주는 것으로는 딥페이크deepfake도 거론된다. 이 용어는 '사람의 뇌 속 신경망 구조를 모방해 학습시키는 방법'이라는 의미의 딥러닝deep learning과 '상대편을 속인다'라는 뜻을 가진 페이크fake를 합성한 것으로 AI를 기반으로 한 이미지 합성 기술이다. 딥페이크는 범죄 의도를 가진 자에 의해 사회공동체와 구성원은 물론 기업에도 심각한 손해를 입히는 중이다.

근래의 사례로는 홍콩에서 발생한 금융 사기를 들 수 있다. 홍콩경찰 당국에 의하면, 2024년 초 관내 금융 분야 대기업이 딥페이크 기술을 이용한 가짜 화상회의 영상에 속아 미화 2,600만 달러를 편취당하는 사건이 발생하였다. 피해 기업의 담당자는 정교하게 조작된 영국 본사 최고 재무 관리자CFO의 얼굴과 목소리에 대해 아무런 의심 없이 그의 지시에 따라 거액의 자금을 이체했다. 최고의 인재를 보유하고 첨단 기법을 통해 글로벌 차원에서 사업을 영위 중인 금융기관도 속수무책으로 당한 사례이다.

두 번째는 인적 리스크에 의한 기업 경영의 악화가 자주 발생한다는 것이다. 기업의 요소 가운데 우선으로 언급되는 것이 인재로서, 삼성그룹 창업자 이병철 회장은 '인재 제일'을 주창하며 "나는 사람을 믿으면 끝까지 믿으려고 애쓴다. 그 사람에게 맡겨 놓고 뒷

조사를 하고 능력을 의심해서는 안 된다."라고 강조한 바 있다. 그의 경영관을 상징하는 것으로서 인재의 중요성, 인재에 대한 신뢰가 필요하다는 점에서 경제계에서 널리 회자하고 있다.

그러나, 인재는 조직의 생존과 발전을 위해 당연히 확보, 육성되어야 할 핵심적인 존재이지만, 통제 시스템의 부재와 경영진의 무관심 속에서 제대로 관리가 안 될 때 자칫 조직을 위태롭게 만들고 때로는 조직을 와해시키는 요인으로도 작용한다는 점도 간과할 수 없다. 이와 관련하여 근래 기업들은 휴먼 리스크human risk, 인적 위험 요소에 관해 관심을 기울이는 중이다.

돈을 다루는 금융 기업뿐만 아니라 업종을 가리지 않고 내부자에 의해 발생하는 횡령 사건들이 지속적으로 언론에 보도되고 있다. 시스템을 갖추고 엄격한 통제가 이뤄진다는 대기업도 예외는 아니다. 우리 격언에 "열 사람이 한 명의 도둑을 막지 못한다."라는 말이 있듯이, 기업의 오너와 경영진이 아무리 강조해도 잘못된 의도를 가진 임직원이 마음만 먹는다면 절대 사라지지 않는 내부의 위험 요소가 될 것이다.

상황이 심각해지자 일부 신문사는 사설로까지 다루며 문제 해결을 촉구할 정도이다. 한국거래소의 자료에 의하면 2019년부터 2024년까지 최근 6년간 국내 상장사 임직원들의 횡령·배임 액수가 무려 5조 원에 육박하는 것으로 집계되었다. 횡령·배임은 기업의 재무 건전성과 경영 투명성을 훼손하는 중대 경제 범죄로, 자본시장의 신뢰를 저해하는 '코리아 디스카운트'의 원인이다. 이에 따라 거래정지와 상장 폐지로 이어져 투자자들에게 막대한 손실을 입힌다.[17] 이처럼 기업의 명운이 특정 직원에 의해 좌우된 사례는 이루 꼽을 수 없을 만큼 많다.

한편, 'K-POP'으로 상징되는 우리 문화가 글로벌 차원에서 인기를 얻으면서 국내에서는 엔터테인먼트 업체가 주목을 받는 것에 주목해야 한다. 이 결과로 주요 업체가 증시에 상장되면서 경영진은 막대한 부를 축적했으며 '문화 권력'으로까지 부상하였다. 대중문화를 통해 생산되는 음악과 영상 등의 콘텐츠에 자본이 몰리고 경제 생태계의 중요한 축으로 자리하면서 엔터테인먼트 업계의 역할과 기능이 중요해졌다.

문제는 이 업종이 '아티스트'라고 불리는 인적 자원, 즉 연예인을 가장 중요한 기반으로 삼기에 상시로 인적 요인에 의한 리스크도 동반된다. 소속사와 연예인의 계약 관계, 소속사 내부의 역학 구도 등에 따라서 증시에서 주가가 춤을 추는 현상이 벌어지는바 이와 관련된 업무가 당장에는 법무법인의 공략 대상이지만, 앞으로는 휴먼 리스크 관리 차원에서 탐정이 고용되거나 용역을 수행할 가능성이 높은 분야이다.

세 번째는 글로벌 차원으로 국내외 기업 간의 경쟁이 날로 격화되고 있다는 점이다. 기업으로서는 협력사와의 관계뿐만 아니라

---

17) 논설위원실, "상장사 횡령·배임 6년간 5조⋯ 퇴출 요건·투자자 보호 강화 필요", 헤럴드경제신문, 2024. 9. 12.

경쟁사와의 관계도 중요하다. 시장을 놓고 벌어지는 경쟁은 '총성 없는 전쟁'에 비유될 정도로 치열하다. 따라서 상대방에 대한 파악이 긴요하고 필요할 경우 자의든 타의든 간에 국내외에서 각종 소송까지 불사해야 할 상황도 벌어진다.

AI 시대의 총아로 떠올라 삼성전자, SK하이닉스, TSMC 등 쟁쟁한 반도체 업체들의 실적을 좌우해 왔던 미국의 엔비디아NVIDIA가 이름조차 매우 낯선 중국의 스타트업 딥시크deep seek에 의해 일격을 당한 것에서 보듯이, 시장에서는 영원한 승자도 없고 역시 영원한 패자도 없다. 딥시크의 돌발적인 부상을 예측한 기업이나 기관이 없었기에 그 충격파는 더욱 컸고 미국 정부와 오픈 AI 같은 관련 업계는 강력한 적수를 만났기에 대책 마련에 나서기도 하였다.

저비용, 고효율로 압축되는 딥시크의 결과물을 놓고 '기술 절취', '지식재산권 침해' 등의 얘기가 나오는 상황에서 미국 정부는 물론 관련 업계가 전후 사정 파악에 나서는 가운데 기술 패권을 둘러싼 미국과 중국의 경쟁은 더욱 격화될 것이다. 이에 따라 AI 개발과 관련된 기업의 정보 수요 역시 늘어나고 이에 맞춰 글로벌 탐정업계의 발걸음도 더욱 빨라질 것으로 보인다.

네 번째는 기업 구성원에게 적용되는 인권 관련 법률이 지속적으로 입법된다는 점이다. 이제 인권은 사회 공동체에서 상시로 고려해야 하는 절대적 가치로 자리하며 경제활동에서도 반드시 반영해야 하는 개념이다.

모든 국민은 인간으로서 행복을 추구할 권리를 갖는다. 국가는 개인이 갖는 불가침의 기본적인 인권을 확인함과 아울러 이를 명백하게 보장할 의무를 안고 있다. 국민이 향유하는 모든 자유와 권리는 국가 안전의 보장, 질서 유지 또는 공공의 복리를 위하여 필요할 경우에만 법률로써 제한이 가능하며 제한이 가해지는 경우에도 자유와 권리의 기본적이고 본질적인 부분을 침해할 수 없다.

그 때문에 기업과 직원의 관계에서 법적인 부분은 대단히 중요하다. 노동 인권과 관련하여 기존에 존재하는 법률로는 '산업안전보건법', '중대재해 처벌 등에 관한 법률', '근로기준법', '근로자 참여 및 협력 증진에 관한 법률', '남녀고용평등과 일·가정 양립 지원에 관한 법률', '퇴직급여 보장법' 등이 있으며 이들 법률은 지속적으로 보완되며 내용을 추가하는 중이다.

최근 '근로기준법'에 직장 내 괴롭힘 방지 규정과 임금 명세서 교부 의무화 규정이 신설된 것으로 보았을 때, 인권 경영의 수준이 높아지고 규제가 강화되는 추세임을 알 수 있다. 그 사례로서 사회적 약자인 장애인과 관련하여 '장애인차별금지 및 권리구제 등에 관한 법률'이 2025년 2월 국회 본회의를 통과한 것 역시 인권의 중요성이 입법부와 사회의 관심사임을 보여준다.

법률에 정통한 탐정이 인권과 관련된 기업의 리스크를 들여다보면서 해법 마련을 고민해 볼 시기가 되었다. 법률은 당연히 법률가의 영역이지만, 기업이 경영하면서 직면하는 다양한 사례에 대한 대응 방안 강구는 탐정의 새로운 업무로서 적합하다. 특히 급증하는 외국인 근로자의 인권 문제와 관련하여 경찰과 국가정보원, 법무부 출입국본부 등 정부기관의 외사 분야에서 경험을 쌓은 탐정이 참여한다면 전문성 발휘가 가능할 것이다.

2절. 해외 실태

미국과 유럽 등지의 해외 사립 탐정은 흥미진진한 문학적 소재를 뛰어넘는 영역에서 존재하며 글로벌 경제 생태계의 중요한 축으로서 역할을 담당하고 있다. 그들은 전 세계를 무대로 삼아 개인 고객은 물론 각국 정부와 대형 로펌 등으로부터 업무 의뢰를 받고 다양한 사건에 대한 '합법적 해결사'이자 '유능한 조력자'로서 위상을 갖는다.

글로벌 탐정 기업이 이라크전쟁 당시 사담 후세인 대통령의 은닉 재산을 찾는 업무를 담당했다든가, 1998년 미국 클린턴 대통령의 '르윈스키 스캔들'과 관련하여 전문 탐정이 특별검사로부터 증거 수집을 의뢰받았던 것 등이 역할의 중요성을 여실히 증명하고 있다. 이들 탐정 기업은 이제 경제를 넘어 정치 및 외교, 국방 등의 분야까지 진출, 역할을 수행하는 존재가 되었다.

OECD 및 EU의 대다수 회원국은 면허제도나 자격시험 같은 일정한 기준을 통해 탐정업을 법제화함으로써 해당 국가 탐정의 경우 개인 고객의 의뢰 외에도 기업의 리스크와 관련된 정보 및 보안 조사, 경영 컨설팅 등 분야에서 적극적으로 업무를 진행 중이다. 이와 관련하여 다국적 기업 수준까지 올라가고 증권시장에도 상장된 탐정업체가 현실적으로 존재한다. 특히 미국의 경우 경제 규모를 기반으로 민간 보안 서비스 및 컨설팅 시장의 활성화에 힘입어 대형 탐정 기업이 다수 탄생하였고 시장에서 확고하게 자리를 잡은 상황이다.

조사 업무를 전문적으로 수행하는 해외 탐정 기업 가운데 대표적인 것으로서는 우선 미국의 크롤Kroll을 들 수 있다. 뉴욕시에 본사를 두고 전 세계 33개국, 65개 이상의 주요 도시에 지사 또는 현지 법인을 설치했으며 전체 직원 수만 해도 5천 명을 웃도는 수준으로 알려졌다. 이 업체의 매출 가운데 개인 고객의 의뢰에서 발생하는 비중은 겨우 5%에 불과하며 나머지 95%의 매출은 기업 고객과의 계약에 따라 창출된다.

창업자인 줄스 크롤Jules Kroll은 사설탐정업계의 상징적인 인물로서 조지타운대학교 로스쿨을 졸업하고 검찰 근무 경력을 바탕으로 법률 컨설팅에 뛰어들면서 1972년 크롤을 설립하였다. 이 업체는 보험사기 조사, 범법자의 은닉 재산 파악 같은 전형적인 탐정 업무 외에도 기업체를 대상으로 내부 횡령과 배임 조사, 임직원 및 거래처 관계자 평판 조회, 리스크 조기경보 및 사후 대처 컨설팅, 경영진 경호와 경비 서비스까지 수행하고 있다.

크롤은 탐정과 관련된 다양한 업무 수행을 위해 분야별로 최고의 인적 자원을 확보 중이다. 변호사, 회계사, IT 및 컴퓨터 전문가,

지역 전문가, 경찰 및 수사기관 경력자, 정보 및 보안 기관 출신, 특수부대 퇴역 군인 등은 물론 특정 이슈에 대해 깊이 파고드는 탐사보도 전문 기자도 다수 채용되어 고객의 요구에 따라 사안별, 지역별로 활동하고 있다.

크롤보다 훨씬 더 오랜 역사를 갖고 업적을 쌓은 사설탐정 회사로는 미국의 핑커톤Pinkerton을 들 수 있다. 목재통 제조업체 견습공에서 출발하여 경찰서 보안관을 거친 앨런 핑커톤Allan Pinkerton에 의해 1850년 시카고에서 설립되었으며 170년 이상의 역사를 자랑한다. 이 업체는 창업 이래 발전과 확장을 거듭하면서 종합 위기 관리를 주요 업무로 삼는 국제적인 보안 기업으로서 위상을 굳혔다. 현재 해외 50개 이상의 주요 도시에 지사를 두고 있으며 전체 직원 수만 해도 10만 명을 웃도는 규모를 갖췄다.

핑커톤이 핵심으로 여기는 임무는 "업무를 위탁한 고객 회사를 적극적으로 보호함으로써 새로운 가치를 창출한다." 하는 것이다. 이와 관련하여 현재 수행 중인 종합 위기 관리 업무로는 위기 대응 및 안전 관리 자문, 시설 방호 및 사이버 보안 서비스, 경영진 근접 경호 및 경호 정보 제공, 대상자 신원 조사 등이 있다. 이는 고객의 안전이 업체의 핵심적인 목표임을 보여 준다.

설립 이후 75년이 지난 1925년 만들어진 핑커톤의 모토는 매우 특이하다. 즉, "우리는 결코 잠들지 않는다.We never sleep."로서 고도의 집중력과 상시적 경계심이 업무 수행의 기본 자세임을 시사하고 있다. 모토를 이미지로 구현키 위해 사람의 눈을 로고로 채택했는바,

오늘날 사립 탐정을 'Private Eye'라고 부르는 것이 여기에서 기원한다.

크롤과 핑커톤이 미국계 기업이라면 '탐정의 발원지'라는 자부심을 가진 영국계 대형 탐정 기업도 존재한다. 바로 힐 앤드 어소시에이츠H&A로서 영국이 과거 식민지 지배 시절 설립했던 홍콩 왕립 경찰의 대테러 부서 출신 인사에 의해 설립되었으며 홍콩과 싱가포르 등 아시아권을 중심으로 기업 대상의 리스크 관리 컨설팅을 영위 중이다. 전 세계 80여 개국에 지사를 만들어 놨고 주로 기업으로부터 의뢰받은 사기 사건 탐지, 디지털 보안, 경호 및 경비 등의 솔루션 및 교육 프로그램 서비스를 제공한다.

2014년 국내 대기업 계열사와 거래하던 협력업체의 거액 사기 대출 사건과 관련하여 시중은행이 미국계 탐정 기업인 민츠Mintz에 조사를 의뢰했었다. 경제와 관련된 기업 간의 대형 분쟁에서 외국계 탐정업체의 대표적인 수임 사례로서 자주 거론된다. 민츠는 1994년 뉴욕에서 설립되었고 해외 10개 이상의 주요 도시에도 지사를 설치하였으며, 지금까지 최소 1만 건 이상의 기업 분쟁과 관련한 조사 실적을 축적한 기업이다. 횡령과 배임, 사기 같은 기업 내부의 위법과 부패 행위를 전문적으로 다루고 있다.

많이 알려진 이들 업체 외에도 기업 대상의 리스크 컨설팅 및 경영 컨설팅을 주요 업무로 삼으면서 탐정업도 병행하는 글로벌 기업으로서 FIT가 있다. 이 업체는 워싱턴 DC에 본사를 두었고 한국에도 자회사를 설립해 놨다. 대상 고객은 항공우주 및 방위산업에서부터 에너지, 바이오, 금융, 자동차, IT, 미디어, 운송 및 물류, 부동산 등 각 분야를 망라하는 대기업이다. 고객 대상의 컨설팅 업무는 기업 재무 및 구조조정, 포렌식 및 소송, 경제 및 기술, 전략 커뮤니케이션 등의 사업 부분으로 나누어 진행된다. 따라서 여기에 요구되는 다양한 전문가들이 근무 중으로서 전문 탐정도 조사 영역에서 활동하고 있다.

특정 국가와 지역을 대상으로 업무를 수행하는 탐정 기업도 존재하는바, 글로벌 컨설팅사인 베인앤드컴퍼니Bain & Company 출신이 만든 캡비전Capvision이 에에 해당한다. 캡비전은 중국에 특화되어 상하이 사무소에만 600명 이상의 직원을 고용하고 약 40만 명에 달하는 중국 최대의 '전문가 네트워크 그룹'을 운영해 왔다. 중국 내에서 대규모의 고급 인적 자원을 데이터 제이스로 구축해 놓은 것은 결국 현지 당국의 주목을 받게 된 요인으로 작용하였다.

이 탐정업체는 대중국 투자를 진행했거나 준비 중인 외국 기업을 대상으로 눈과 귀의 역할을 수행하는 과정에서 2023년 중국 안보 수사기관의 조사를 받았다. 현지 관영 언론매체는 "캡비전이 외국 정부 및 정보기관과 밀접한 관계를 맺은 회사들로부터 컨설팅 명목의 프로젝트를 대거 수주하고 중국의 국가기밀과 핵심 정보를 입수하였다."라는 식의 논조를 폈다.

이 당시에 민츠의 베이징 사무소도 중국 당국의 조사를 받았다. 외신 기사에 의하면 민츠가 신장웨이우얼자치구에서 벌어진 강제 노동 가능성을 조사 중이었던 것으로 알려졌다. 중국의 안보 수사

기관은 이처럼 외국계 탐정 기업이 특정 국가 또는 세력과 연계되어 인권 문제, 방위산업 분야 같은 민감한 내용과 영역을 다루고 들여다보려는 의도를 가졌다는 의심을 품고 있다.

캡비전과 민츠가 현지에서의 활동과 관련하여 중국 당국의 조사를 받은 데서 알 수 있듯이 국익 수호에 유난히 민감한 국가는 자국 내 외국계 탐정의 존재에 대해 경계심을 늦추지 않으며 상시 감시를 실시하는 중이다. 러시아, 중국 등이 특히 컨설팅 업무를 표방하는 외국계 탐정 기업에 대해 의심의 눈길을 떼지 않는 상황인바, 중국의 간첩 관련 법률 강화 조치가 이를 여실히 보여준다.

중국은 미국의 '대중국 첨단기술 및 투자 제한' 조치에 대응하기 위해 국가안보를 명분으로 2022년 4월 전국인민대표대회 상무위원회에서 '반간첩법反間諜法 개정안'을 통과시켰고 2023년 7월 1일부터 시행 중이다. 이 법안의 내용을 분석해 보면 다음과 같이 간첩 행위의 범위와 대상이 확대되었다는 특징을 갖는다.

중국 반간첩법 개정안 내용	
핵심 항목	내용 평가
간첩행위의 범위 확대	간첩행위의 정의에 간첩 조직은 물론 그 대리인을 포함했는바, 이는 비밀 정보를 넘기는 구체적인 행위가 적발되지 않았더라도 교류 관계의 기관이나 인사가 간첩 또는 간첩 대리인으로 규정될 때도 처벌이 가능하다는 것을 의미
간첩행위의 대상 확대	기밀의 범위에 '기타 국가안보 및 이익과 관련된 문건, 데이터, 자료, 물품 등'을 포함함으로써 법적으로 기밀로 분류되지 않은 자료도 유출 시 방첩법의 처벌 대상이 될 수 있도록 명문화했는바, 중국 측의 해석과 판단에 따라 처벌 대상은 광범위해질 가능성이 지대

이와 같은 개정안의 시행에 대해 서방 세계에서는 "자칫 대중국 투자의 발목을 잡을 수 있는 개정안"이라는 반응을 내놓기도 하였다. 기업의 투자에 대한 영향도 당연히 있겠지만 국내외 탐정 기업으로서는 활동의 범위와 대상 선택에서 엄청난 리스크와 마주하게 된다. 결국 현지에서의 탐정 업무가 위축되고 현지 투자 기업은 다양한 경영 현안과 관련된 사실 조사를 놓고 조력자를 찾기가 대단히 어려워질 수밖에 없는 것이다.

제2부

ESG 경영 개황

1장

ESG 경영 개념과 배경

1절. 기본 개념

ESG는 환경Environmental, 사회Social, 지배구조Governance의 영문 첫 글자를 조합한 단어로서 '기업 경영에서 지속 가능성을 달성하기 위한 3대 핵심 요소'라고 할 수 있다. 과거에는 기업이 오로지 생산과 판매에만 주의를 기울이고 다른 요소나 과정은 살펴볼 이유가 없었으나 지금은 기업 자신과 관련된 주변 상황과 대상을 의식, 고려해야만 지속 가능성이 담보되는 시대로 진입하였다.

이는 기업에 대한 투자자, 소비자 등 외부 평가 기준의 변화로서 기업의 지향점이 경영 실적이라는 결과 도출에 앞서 자연 친화, 인간 존중, 윤리 준수의 과정이 선행되어야만 비로소 올바른 경영으로 인정받을 수 있음을 시사한다. 기업이 자신과 관련한 존재와 동반, 동행하는 자세를 요구하는 것이 경제계의 새로운 흐름으로 자리를 잡았다.

그동안 기업은 가장 저렴한 원재료를 구매한 후 낮은 인건비를 기반으로 삼아서 제품을 생산하고 시장에서 고가에 판매하는 것이 일반적인 행태였다. 즉, 최소의 비용으로 최대의 효과를 지향하는 경제원칙에만 몰두해 왔다. 이 과정에서 기업의 환경이나 사회적 문제에 대한 책임은 그다지 중요하지 않았다. 또한 경영자의 행태와 방식은 내외부의 견제나 통제에서 벗어난 상태였고 투명성, 도덕성을 요구받는 경우도 드물었다.

그러나 이러한 경영 방식과 자세가 지속된다면 기업은 자칫 당대에만 그칠 뿐 지속 가능성 측면으로 볼 때는 다음 세대를 고려하지 않기에 한시적이며 한정적인 존재에 머물게 된다. 경제계에서 흔히 말하는 '100년 기업'은 결코 기대할 수 없게 된다. 공동체 측면에서는 구성원의 공감과 동참을 끌어내지 못하는 일방성과 취약성을 갖기에 대단히 위험하다. 이런 차원에서 해결책으로 등장한 것이 ESG 경영의 개념이다.

전통적으로 환경과 인권, 공정을 중시하는 서구식 관념에서 출발한 ESG 경영은 유엔UN 차원의 적극적인 개입과 추진으로 인해 이제는 글로벌 수준으로 진행되는 개념으로서 불가역성을 갖는다. 우리나라도 경제와 사회 전반으로 확산하는 중이며 행정부와 입법부 역시 적극성을 보이면서 정책과 법제를 통해 지원에 나서고 있다.

ESG 경영은 기업과 직결되는 자연적 조건인 환경, 대외적 이해관계인 사회, 대내적 통제인 지배구조를 외면치 않고 상시적인 관심 속에서 조직과 체계를 갖춰야만 구현될 수 있는 성격을 가졌다. 따라서 구현 과정에서 경영진의 인식과 자세가 반드시 전제되어야 하며 더불어 인적, 물적 투자 및 조치가 지속적으로 병행되어야 가능해진다.

기업이 존재하면서 사업 영위를 위한 제반 요소 가운데 자원으로 상징되는 환경은 경제활동의 물질적 기반이자 인류의 생존을 좌우하는 기반인 만큼 결코 홀시할 수 없다. 오염되고 파괴된 환경 조건하에서 생산과 판매 같은 기업의 행위가 지속될 수는 없다. 그에 앞서 지구촌의 인류는 자연의 반격에 의해 생존을 담보하기 어려운 상황에 직면할 것이다.

한정된 자원을 가진 지구촌은 인간의 물질적 욕구를 충족하기 위한 무한대의 개발로 인해 시름시름 앓고 있다. 인도네시아의 수도 자카르타는 인구 집중에 따른 무분별한 지하수 개발, 고층 건물 급증 등으로 인해 지반이 내려앉으면서 도시 면적의 40%가 해수면보다 낮아진 상태에 직면하였다. 이에 따라 행정수도를 보르네오섬 칼리만탄으로 옮기는 '누산타라 사업'이 추진되고 있는바, 환경의 문제가 대단히 심각한 수준에서 국가의 미래까지를 결정하는 실정임을 보여주는 상징적인 사례이다.

환경과 관련하여 가장 주목받는 것이 탄소중립이다. 여기에서 상징적인 기업의 사례를 살펴보면 미국의 자동차업체인 테슬라 TESLA가 있다. 전기차를 통해 기존에 내연기관을 기반으로 삼았던 자동차산업의 판도를 뒤집은 이 업체는 전기자동차 판매뿐만 아니라 '탄소배출 크레딧Carbon emission credit' 판매로 이익을 얻는다. 테슬라의 경우 전기자동차 생산에 따른 탄소배출 저감으로 인해 미국 정부로부터 크레딧을 받는다. 그리고 이를 탄소배출 규제 요건을 충족시키지 못한 다른 완성차업체에 판매하여 수익을 내는 것이다.

　사회는 기업과 연결된 이해관계자들을 지칭하는 것으로서 기업의 직원, 거래처, 소비자 단체, 중앙 및 지방정부, 지역 커뮤니티 등을 망라한다. 이는 기업이 단독의 존재가 아니라 사회와 공존 공생하며 소통과 협력을 이어 가야 하는 존재라는 점을 시사한다. 특히 중요한 것은 사회의 구성원이 무엇보다 귀한 사람이라는 데에 있다. 즉, 사회 요소는 바로 사람과 직결되기에 ESG 경영은 환경에 더해 인권을 중시하는 것임을 인식할 필요가 있다.

　사회 요소를 거론하면서 등장하는 개념이 인권 경영이다. 우리가 '이해관계자 자본주의'로도 부르는 인권 경영은 기업의 경우 내부의 이해관계자와 직결된 노동 문제, 외부의 이해관계자와 연관된 사회 문제로 분류할 수 있다. 노동과 직결된 것으로서는 인권 경영 시스템 구축, 근로조건의 철저한 준수, 고용 시 차별 금지, 단체 교섭권 보장, 산업안전과 보건 확행 등이 중요한 구성 요소로 꼽힌다. 사회 문제와 관련해서는 소비자 보호, 제품의 품질 보장과 관리, 지역사회에 대한 공헌 등이 내용에 포함된다.

　사회는 환경에 비해 수치화, 계량화가 쉽지 않고 범위가 넓은 성격을 갖기에 기업으로서는 다양한 대상, 즉 이해관계자를 상대로 필요한 조처를 한다 해도 성과 도출을 하기가 어려운 부분이다. 그 때문에 일부에서는 자원봉사, 사회적 약자 지원과 같은 단기적 행사를 통해 요소를 충족시키는 경우가 발견되는 데 보다 전략적인 접근 방안 마련이 필요하다.

　지배구조는 환경과 사회라는 대외적인 요소에 더해 대내적으로 '경영자가 윤리와 도덕을 준수하는지?'가 중요한 것으로서, 투명한 경영을 전제로 삼아 집안 단속은 잘하고 있는지에 의해 좌우된다. 그러나 ESG 개념이 경영의 전면에 등장했음에도 무엇을, 어떻게 실천으로 옮겨야 할지를 인식하지 못하는 기업인이 아직도 많은 것이 현실이다.

　지배구조의 영문 거버넌스Governance는 원래 라틴어의 구베르나레 Gubernare에서 유래되었는바, 이는 '선박의 조종'을 의미한다. 고대사회에서 수송의 핵심인 선박의 키를 잡았다는 것은 해당 선박에 탑승한 선원, 탑재된 화물의 운명을 결정하는 것이다. 선장이 갖는 조종권은 항해와 권련한 권한, 선원의 생사 여탈권, 화물에 대한 운송 책임, 선주에 대한 의무 등을 포괄한다. 이와 같은 의미가 현대 사회의 기업 경영에 대입되었고 ESG에서는 경영자의 의무와 책임, 이를 구현키 위한 시스템 구축의 투명 경영으로 해석되고 있다.

　경영자의 의지와 자세가 강조된 지배구조는 기업의 현재는 물론 미래까지도 좌지우지할 수 있는 요소이다. 그럼에도 경영자 한 사람이 인격적으로 고도의 평가를 받는 것만으로는 완성되기 어렵다. 경영자가 현안과 과제를 놓고 도덕적, 윤리적 수준에서 의사 결정을 할 수 있도록 기업의 체계 및 역량을 구축해야 한다. 아울러 경영진과 이사회, 구성원 간 절차와 투명성에 대한 약속과 이행이 상시로 병행되어야만 결과 도출이 가능해진다. 지배구조 요소는 결국 누가 경영자가 되어도, 누가 기업을 인수하더라도 흔들리거나 변치 않도록 투명성과 윤리성이 담보된 시스템 경영을 요구하는 것이다.

ESG 요소 가운데 환경과 지배구조는 외부에 의해 정량 평가가 가능하고 기업으로서는 단기적인 성과를 거양할 수 있으나 사회 요소는 사람을 다루는 문제인 만큼 정량 평가뿐만 아니라 정성 평가의 성격이 강하다. 그 때문에 기업 현장에서의 구현이 용이하지 않은 상황인 데다 인간 중시로의 의식 변화로 인해 ESG 경영 요소 가운데 중요성이 증대하는 추세이다.

이런 차원에서의 ESG 경영은 기업이 단기적인 이익 추구에만 매몰되지 않고 대의와 명분을 지키는, 이른바 견리사의見利思義, 즉 이해득실 계산에 앞서 기본과 도의를 먼저 생각하는 경영으로 나가는 것이다. 아울러, 기업으로서 명분과 이익의 균형점을 찾는다는 의미에서 의리상고義利相顧의 가치와도 연결된다. 물건을 운반하는 수레는 좌우의 양편에 바퀴가 있어야 본래의 목적에 부합될 수 있도록 길에 나서고 앞으로 전진이 가능하다.

이처럼 명분이나 가치가 이익과 서로 배치되지 않고 조화와 균형점을 찾는 것이 ESG가 추구하는 방향이다. 과거의 사례에서 찾아본다면 우리나라의 선비 경영 내지 일본과 중국에서 중시되는 유상儒商, 즉 학문적 소양과 철학을 가진 사람에 의해 이뤄졌던 경영과 일맥상통한다.

국내 전문가 중에 ESG 경영이 우리의 전통과 밀접한 관계가 있음을 인식하고 새로운 개념을 내놓은 인물이 있다. 삼성그룹 인력개발원 원장, 농심 회장 등을 지낸 세종 국가경영연구소 손욱 이사장은 우리 고유의 홍익인간弘益人間 정신이 천지인天地人의 원리를 근간으로 삼는다는 데 착안하였다.

그는 천지인의 원리가 ESG의 환경, 사회, 지배구조와 일맥상통한다는 개념을 제시하였다. 그의 설명을 빌리자면 환경은 천지인에서 땅地에 해당하고 자연환경에 감사하는 마음이다. 사회는 사람人에 해당하는 것으로 나눔과 배려로 공동체 행복에 보탬이 되는 삶을 살자는 것이다. 지배구조는 하늘天의 뜻에 따라 경영하는 것이다. ESG는 결국 행복공동체를 만들자는 비전으로 삶의 환경에 감사하는 마음, 공동체에 보탬이 되는 삶, 하늘의 뜻에 따라 올바르게 사는 것이다.[18]

홍익인간의 "사람들의 세상을 널리 이롭게 한다."라는 정신을 ESG 경영과 접목한 것은 대단히 탁월한 접근이다. 서구 경영 개념의 단순한 수입국 수준을 넘어 한국적 ESG 경영의 가치를 모색할 수 있도록 계기를 마련해 준 것으로서 지적 자주권 확보의 가능성을 열어 준 셈이라 할 수 있다.

기업이 단기적 이익의 관점에서 벗어나 사회적 책임과 환경적 지속 가능성을 제고시키며 동시에 이해관계자와의 상호 신뢰 및 협

---

18) 대한민국 ESG 위원회, "손욱 이사장, K-ESG 정신으로 인류 행복에 이바지하자", SR 타임스, 2024. 9. 4.

력을 강화한다면 이는 우리 조상이 가치관으로서 학습, 체화했던 홍익인간의 정신을 현대 경영에서 구현하는 것이라는 평가를 받을 수도 있다. 우리 사회가 ESG 개념을 먼 것이 아닌 가까운 곳에서 찾을 수 있음을 의미한다.

2절. 등장 배경

전 세계적으로 기업의 사회적 책임에 대한 담론이 형성된 가운데 투자자와 소비자가 기업을 평가함에 있어 전통적인 기준으로 적용되던 '재무적 가치'가 아닌 '비재무적 가치'를 중시하는 방향으로 선회하고 있다. 기존에는 재무제표, 대차대조표를 통해 매출 증대와 이익 구현으로 흑자를 기록하면 경영상의 과정은 악할지라도 슬쩍 눈감아 주고 오로지 '주주 이익의 극대화'라는 결과에만 찬사를 보냈지만, 이제는 재무제표나 대차대조표상으로는 나타나지 않아도 가치 지향을 통한 선한 과정을 밟아야만 된다는 인식이 팽배한 것이 오늘의 현실이다.

이러한 현실이 반영되어 최근 국내 경제계에서 기업 경영과 관련하여 빈번히 등장하는 단어 가운데 하나는 ESG이다. 전통적으로 투자자들은 재무적 성과를 기업이 지향해야 할 최고의 가치로 여겨 왔고 해당 기업 역시 마찬가지로 인식해 왔다. 그러나 지금은 비재무적 요소인 ESG의 존재를 결코 무시할 수 없는 것으로 여겨지는 상황이다.

이것은 '착한 기업은 생존, 발전시키고 악한 기업은 도태, 퇴출시킨다.'라는 논리인바, 기업으로서는 글로벌 스탠더드로 자리 잡는 흐름에 역행할 수 없음을 의미한다. UN은 물론 세계적인 투자사, 신용평가사들이 '약탈적인 자원 남용과 비도덕적 경제 행태로는 지속 가능이 불가하고, 탐욕적인 경영은 이제 한계치에 도달했다.'라는 인식을 공유하고 있다. 재무적 요소 외에도 비재무적 요소인 환경과 사회, 지배구조가 경영에 진입해야 된다는 당위론이 오늘의 글로벌 경제를 지배 중임을 시사하는 것이다.

ESG 개념이 접목된 경영은 기업이 단기적인 측면에서 주주 이익의 극대화를 위한 성과 창출만을 추구하는 것이 아니다. 오히려 단기간의 이익에 연연하지 않고 환경 보호의 실천, 사회적 책임의 이행, 투명한 지배구조의 구축 같은 것을 고려하면서 장기적으로 기업 가치의 제고, 지속 가능한 성장을 추구하는 것이다. 이는 결과적으로 주주 이익과도 직결된 만큼 장기적 측면에서는 기업의 손해가 아닌 경영이라 할 수 있다.

그렇다면 ESG 경영은 어느 날 갑자기 등장한 개념인가? 그것은 결코 아니다. 이미 1970년대부터 자원의 고갈, 환경의 오염, 기후의 변화 등으로 인해 글로벌 차원에서 인류의 미래에 대한 우려가 확산하기 시작하였고 1990년대에 접어들면서 지속 가능성 기념이 선진국 대다수 국가의 화두로 대두되었다.

이 과정에서 환경과 사회에 지대한 영향을 끼치는 기업의 영향과 책임이 CSR기업의 사회적 책임이라는 개념으로 강조되었다. 그러나 CSR은 기업이 환경과 사회에 대한 경각심과 관심을 두도록 유도했음에도 불구하고 근본적인 해결 방식은 아니었다. 그 때문에 ESG는 글로벌 경제계와 국제기구에서 더 구체적인 방법론을 찾는 과정에서 선택되었다고 할 수 있다.

ESG 개념과 불가분의 관계를 맺는 코피 아난Kofi Annan 전前 유엔 사무총장은 1997년 취임 이후 '기업의 사회적 책임'을 거론한 데 이어 2004년 세계 50대 금융기관 CEO에게 보낸 서한을 통해 "기업의 투자와 내부 의사 결정에서 ESG 요소를 반영함으로써 국제문제를 함께 해결하자'라고 제의하여 공감을 얻었다. 그의 논리는 "외부에 의한 난개발과 채굴로 약탈당하면서 낙후된 경제 상황을 면치 못하는 제3세계와 저개발국의 상황을 국제사회가 들여다봐야 한다."라는 인도적인 논리에서 출발하였다.

이는 선진국과 글로벌 자본에 의해 지구가 혹사당하고 훼손되는 상황이 지속된다면 결국 인류의 공멸로 이어진다는 판단과 연결된다. 이제 지구 온난화 위기를 맞아 지구촌 사람들은 "하나뿐인 지구Only One Earth"라는 명제를 결코 외면할 수 없는 시대를 살고 있다. 우주의 셀 수 없이 많은 행성 가운데 생명이 살아갈 수 있는 곳은 오직 지구뿐인 것이 현재까지의 사실이다. 이곳 지구에 물과 공기가 있고 다양한 생물이 서식함으로써 인간도 생존이 가능한 것이다. 이는 인간이 지구에 무한한 신세를 지고 있음을 의미한다.

그러나 인간은 스스로가 '만물의 영장'이라는 착각 속에서 '지구의 지배자'임을 자처했지만, 지구를 배신하는 행위를 지속해 왔다. 인간의 탐욕으로 인해 지구가 파헤쳐지면서 결과적으로 온갖 화학물질이 생산되었고 그 결과로 산업과 생활의 폐기물이 대량으로 배출되었다. 이 때문에 기후변화로 상징되는 자연의 반격이 본격적으로 시작되면서 인간의 욕구와 무분별로 인해 결국 스스로 옥죄는 결과를 마주하게 되었다.

ESG 개념의 등장 이후 진행된 경과를 보면 미국의 경우 대표적인 기업계 인사들의 몇 가지 상징적인 결정과 행위 사례가 발견된다. 우선은 미국 증시에서 시가 총액의 30%를 점하고 있는 200대 기업 협의체인 비즈니스라운드테이블BRT의 '이해관계자 자본주의' 제창이다. 이들은 2018년 기업의 목적에 대한 새로운 패러다임이 담긴 선언문을 발표하였는바, 이는 ESG 개념을 촉진하는 가속기로서의 의미가 있다.

비즈니스라운드테이블 선언문	
선언 대상	선언 내용
고객	우리는 고객에게 가치를 전달한다. 고객의 기대를 넘어서는 미국 기업의 전통을 발전시켜 나갈 것이다.
직원	우리는 직원에게 투자한다. 여기에는 그들에게 공정한 보상과 급속히 변화하는 세상에 발맞춰 신기술을 학습할 기회를 제공하는 것, 다양성을 포용하는 것이 포함된다.
협력사	우리는 협력사를 공정하고 윤리적으로 대한다. 우리를 돕는 크고 작은 기업들을 위해 좋은 동반자가 되어 협력할 것이다.
지역사회	우리가 속한 지역사회를 지원한다. 우리는 지속 가능성을 위한 관행들을 포용함으로써 지역사회 구성원을 존중하고 아울러 환경을 보존할 것이다.
주주	우리는 주주를 위한 장기적 가치를 창출한다. 주주는 회사의 성장 및 혁신의 기반이라고 할 수 있는 자본을 제공해 주는 존재이다. 주주들과 투명하고 효율적으로 소통해 나갈 것이다.

이 선언문의 내용을 살펴보면 환경이 지역사회의 요소 안에 들어가면서 축소되어 있고 주주 자본주의가 강조된 데다 지배구조 문제는 언급되지 않았지만, 이해관계자를 우선시한다는 측면에서 ESG의 정신과 같은 맥락이다. 선언문 작성의 주관자들이 기업의 목적을 놓고 이해관계자에 대한 배려, 존중이라는 것을 천명한 것으로 당시에 언론과 사회로부터 높은 평가를 받았다.

ESG의 가치에 대해서는 공감과 함께 반대론도 분명히 존재한다. 환경에 주안점을 두되 경영의 주체인 기업을 극도로 적대시하는 때도 있다. 텍사스공대 환경사학과 마트 스톨Mark Stoll 교수 같은 경우 자본주의 발전이 환경파괴와 기후변화에 막대한 악영향을 끼쳤다는 논리를 전개하면서 "지구 온난화의 속도를 늦추려면 재생가능 에너지를 채택하는 것이 가장 중요한 첫걸음인 듯하다. 그리고 막대한 경제적, 정치적 힘을 가진 대기업을 해체하고 그들의 선전에 제동하는 것이 종합적인 해결책의 핵심이 될 것이다."[19]라는 식으로 원리론적 수준의 강력한 주장을 내놓았다.

이제 우리나라의 상황을 살펴보겠다. ESG 경영이 우리나라에 본격적으로 도입되지 않았던 시점인 2018년 7월 국민연금이 책임투자 활성화와 주주로서의 적극적인 관여 강화 방침을 수립하면서 ESG 경영의 본격화 신호탄을 쏘았다. 국민연금은 투자 대상 회사의 중장기적 가치 제고를 통해 투자자산의 보호와 증대를 담보하려는 목적으로 주기적인 점검을 진행했는바, ESG 같은 비재무적 요소가 점검 항목에 필수적으로 포함된다. 2019년 12월에는 '국민연금의 적극적인 주주 활동 가이드라인'을 의결하고 세부 기준과 절차를 제시하였다.

공공기관도 ESG 경영에 힘을 싣는 조처를 하게 된다. 2021년 금융위원회와 금융감독원 및 한국거래소가 합동으로 '기업 공시제도 종합 개선 방안' 발표를 통해 기업이 ESG 정보를 적극적으로 공개하고 투자자로 하여금 이를 활용토록 제도적 기반 조성에 나섰다.

---

19) 마크 스톨 교수는 국내에서 번역된 『거의 모든 것을 망친 자본주의』 제하 저서에서 기업의 환경에 대한 악영향을 강력히 비판하고 특히 대기업 해체론까지 제기하였다.

이는 기업뿐만 아니라 금융 당국도 ESG 경영의 확산에 있어 일원으로 참여했음을 보여준 사례이다.

한편, 2019년 10월, 서울 소재 철강회사 건물 앞에서 녹색당과 시민들로 구성된 '녹색 게릴라'라는 단체가 방독면을 쓴 채 "우리나라 온실가스 배출 1위인 당신네 회사는 세계적인 기후 악당이다."라며 규탄하는 퍼포먼스를 진행하였다. 이처럼 기업의 환경 요소는 시민과 사회단체 등 외부의 1차적 공격의 대상으로 대두되었다. 결국 "지구 온난화로 북극곰이 죽는 것보다 사람이 먼저 죽게 생겼다."라는 논리는 경영의 새로운 패러다임을 요구하는 추세로 진행되는 상황이다.

ESG 경영이 자리를 잡으면서 이와 같이 에너지 사용 기반 생산 업체는 졸지에 악한 기업으로 낙인찍히는 상황이다. 현재 전력 관련 공기업인 한국전력과 산하 동서, 중부, 남부, 서부 등 발전 자회사들은 사업 특성상 에너지 사용 기반에서 전력을 생산하기 때문에 최근의 제약과 장애를 극복하기 위한 대책 마련에 총력을 기울이는 중이다. 발전 자회사 대다수가 조직의 컨트롤 타워 역할을 담당하는 경영기획처를 ESG 경영기획처로 개편한 것만 봐도 그 의지와 자세를 알 수가 있다.

2장

ESG 경영 요소와 항목

1절. 핵심 요소

ESG와 관련하여 자주 등장하는 개념이 바로 지속 가능성이다. 2022년 7월 제정된 우리나라의 '지속 가능 발전 기본법'에서는 이를 "현재 세대의 필요를 충족시키기 위하여 미래 세대가 사용할 경제, 사회, 환경 등의 자원을 낭비하거나 여건을 저하하지 아니하고 이들이 서로 조화와 균형을 이루는 것을 말한다."[20]로 정의하고 있다. 경제와 사회, 환경을 놓고 현재 세대와 미래 세대가 상호 충돌되지 않도록 하는 것이 지속 가능성의 전제로서 중시되며 이것이 바로 기업 경영에서 ESG로 나타나는 것이다.

동 법률은 "경제, 사회, 환경의 균형과 조화를 통하여 지속 가능한 경제성장, 포용적 사회 및 기후·환경위기 극복을 추구함으로써 현재 세대는 물론 미래 세대가 보다 나은 삶을 누릴 수 있도록 하고 국가와 지방, 나아가 인류 사회의 지속 가능한 발전을 실현

---

20) 법제처, 국가법령정보센터.

하는 것을 목적으로 한다."[21]라는 내용으로 입법 목적을 밝히고 있다. 이는 ESG가 추구하는 환경, 사회, 지배구조의 가치와 동일한 것이다.

ESG를 논할 때 반드시 거론되는 3대 핵심 요소 가운데 어느 것 하나 중요하지 않은 것이 없다. 그럼에도 우리 경제와 기업에 부여된 시급한 과제는 바로 환경과 관련된 것이다. 어느 법조계 인사가 "ESG는 환경과 관련된 법령을 묶은 범주"라고 단언한 바 있듯 현재의 추세에서는 환경이 ESG 요소 가운데 가장 빈번하게 언급되는 것이 사실이다.

환경 요소를 ESG 경영에서 가장 앞에 내세우는 이유는 무엇일까? 환경 요소에서는 기후변화 대응을 위한 탄소중립이 대표적인 목표인데, 인류의 존립에 직접적인 위협을 가할 수 있는 자연의 반격에 대한 가장 현실적인 대처이기 때문이다. 파괴된 자연 조건에서 인간은 물론 기업도 존립이 불가능하다. 더욱이 지속 가능성은 결코 기대하기 어렵다.

탄소중립은 인간의 활동에 의한 온실가스 배출을 최대한 줄이고, 남은 온실가스는 흡수, 제거해서 실질적인 배출량이 '제로'가 되도록 한다는 개념이다. 즉, 배출되는 탄소와 흡수되는 탄소량을 같게 해 '순 배출이 0'이 되는 결과치로의 도달을 과제로 삼는다.

---

21)   법제처, 국가법령정보센터.

이 때문에 탄소중립을 '넷 제로Net-Zero'라고 부른다.[22] ESG 경영의 환경 요소가 추구하는 최대의 목표라고 할 수 있으며 몸살을 앓는 지구의 상태가 중병으로까지 악화하지 않도록 하기 위해 각국 정부와 기업들이 먼저 살펴볼 대목이다.

세계적으로 기후변화로 인한 문제의 심각성에 대한 인식이 높아지면서 기후 위기 대응을 위해 국제사회가 탄소중립을 화두로 삼고 온실가스 감축과 관련된 정책 수립 및 집행에 적극적으로 나서고 있다. 특히 우리나라의 경우 제조업과 무역업 기반의 산업구조를 가진 만큼 탄소중립은 대단히 어려운 과제임에도 불구하고 글로벌 차원의 강력한 요구를 홀시할 수 없기에 결국 'ESG는 피치 못하게 가야만 되는 길'이라는 결론에 도달한 상태이다.

환경 요소를 충족시키려면 인적, 물적 시스템에 대한 신규 투자가 필요한 만큼 기업으로서는 부담이 아닐 수 없다. 중소기업은 물론 대기업도 관련 인프라 구축과 경영 이행 시 시간적, 물리적으로 어려움을 겪게 된다. 그러나 환경 문제는 ESG가 아니더라도 이미 기업 경영에서 반드시 의식하고 이행해야만 되는 존재로서 자리하였다. 게다가 정부와 시민사회, 언론에서도 상시로 들여다보는 대상으로 대두된 점을 고려할 때 ESG 경영에 맞춰 기업의 체질 개선 계기로 삼는 것이 지혜로운 선택이다.

사회 요소를 보면, 지속 가능한 발전과 사회적 안전을 위해 기업

---

22) 대한민국 정책 포털, 「2025 탄소중립」, 2021. 11. 8.

이 우선 해결해야 할 이슈는 매우 다양하다. 기업이 ESG 개념과 관련하여 이를 구현하는 것을 '인권 경영', '상생 경영'으로 표현하고 있다. 인간을 중시하고 이들과 동반한다는 차원에서 생성된 개념이다. 기업 내부에서의 노동, 인권이 핵심이며 기업 외부적으로는 불공정과 불평등, 소비자 등 이해관계자와 유관한 것들이다. 이를 주요 내용별로 살펴보도록 하겠다.

첫 번째는 노동 관행과 근로자의 권리에 관한 것이다. 세부적으로는 노동조건 확보, 노조 활동의 자유와 단결권 보장, 노동자 권리 보호, 작업환경의 안전 구축과 직업성 질병 예방 등이 포함된다. 노동 문제는 전부터도 중시되었지만 '중대재해 처벌 등에 관한 법률'과 '산업안전보건법' 등 관련 법률의 강화로 인해 이제는 그 중요성이 훨씬 높아진 상황이다.

두 번째는 인권의 보호와 증진이다. 이는 인간으로서 누려야 될 기본권에 관한 것으로서 여기에는 인종차별 및 성차별 금지, 인권 침해 예방과 대응 등이 핵심 내용으로 되어 있다. 기업의 운영 과정에서 특정 성별을 차별하고 외국인에 대한 배려가 없을 때 기업은 법적, 제도적으로 규제를 받고 각종 언론과 여론에 의해 비판받는 상황에 직면케 된다.

세 번째는 사회적 불평등의 문제이다. 소득과 주거 조건의 불평등 해소, 교육 및 기회의 격차 해소, 접근성의 차이 극복 등이 주요 내용으로 꼽힌다. 이는 기업이 수익을 목표로 삼는 존재이지만 공동체에 관한 관심도 기울일 것을 촉구하는 시대가 도래한 만큼 사회적 약자를 배려하고 사회 구성원을 위해 다양한 방식으로 공헌할 것을 요구하는 것이다.

네 번째는 공정경쟁과 소비자 보호의 문제이다. 부정한 거래 관행, 공정한 시장 접근과 규제 준수, 소비자 및 거래자 권리 등이 주요 이슈가 된다. 기업은 소비자가 전제되지 않고는 존립과 지속이 불가능하다. 따라서 직접적인 이해관계자로서의 소비자에 대한 기업의 관심과 노력이 중요하다. 기업이 소비자를 기만할 경우 시장은 결코 용서하지 않는다.

다섯 번째는 다양성과 포용성이다. 구체적으로는 다양성 증진과 포용적 조직문화, 장애인의 권리 보장, 고용 기회의 균등 확보 등이다. 기업의 조직문화를 대폭 개선해야만 가능해지는 것이다. 능력과 의지만 있다면 성별, 학력, 국적, 장애 여부 등에 관계없이 동등한 존재로서 인정하고 채용과 승진, 교육 등에서 차별을 두지 말아야 한다는 것이다.

지배구조는 간단히 표현하자면 "기업의 최대 주주, 기업 내에서 힘을 가진 자가 감당하고 해결해야 할 분야이다."라고 해도 무리가 아니다. 창업주나 창업주의 2, 3세가 기업을 자신만의 전유물이라고 인식해 전횡을 일삼을 경우 그 후유증은 극복이 불가능해질 만큼 심각한 상황으로 치닫는다. 언론에 자주 등장하는, 이른바 '오너 리스크'가 이를 입증하는바, 기업의 명운을 결정지은 사례가 다수 발견된다. 기업의 지휘자이자 안내자로서 부여된 권한에 상응하는 책임이 요구되는 것이 근래 경영의 추세이다.

역사에서 입증되었듯이 권한을 가진 자가 이를 제대로 활용한다면 긍정적인 리더십으로서 공동체의 발전과 성장에 있어 강력한 원동력이 된다. 그러나 반대의 경우라면 공동체 조직에게는 회복 불가한 타격으로 작용할 것이다. 기업에서 권한을 가진 경영진이나 대주주가 방향성을 잃고 왜곡된 인식을 기반으로 경영을 이어간다면 결과는 명약관화해진다.

ESG 개념이 경영의 전면에 등장했지만 무엇을, 어떻게 실천으로 옮겨야 할지를 인식하지 못하는 기업인이 많은 것이 현실이다. 모든 경제 주체가 글로벌 차원에서 초연결된 상황에서 ESG 경영은 주요 기업의 무형자산으로 자리했음에도 아직 일부 기업인의 사고와 행동은 과거에 머물며 관행과 관성에서 벗어나지 못하는 상황임을 부정할 수 없다.

지배구조는 기업의 현재는 물론 미래까지도 좌지우지할 수 있는 요소로서 경영자 한 사람이 고매한 인격을 갖고 배려와 나눔의 경영을 펼침으로써 기업 내외에서 높은 평가를 받는 것만으로는 완성되기 어렵다. 경영진 전체가 도덕적, 윤리적 수준에서 의사 결정을 할 수 있도록 기업의 체계와 역량을 갖춰야만 한다. 경영진과 이사회, 직원 등 구성원 상호 간 관계에 주안점을 둔 공감 유도의 시스템이 필요한 것이다.

ESG에서 지배구조는 대주주와 경영진의 잘못된 경영관과 행태에 대해 선제적으로 제동을 하는 시스템의 구축 과정이다. 그 때문에 주요 기업들은 현재도 지배구조 정착을 위한 시스템과 관련하여 이사회의 투명한 운영 차원에서 적격 사외이사 추천, ESG 경영위원회 설치, 지속 가능 경영 위원회 설치, 감사 위원회와 투명경영 위원회 운영 등을 중시하고 조처를 하는 중이다. 이를 통해 경영진의 독단적이고 자의적인 행태를 막고 규범화된 경영의 지속이 가능해진다.

기업 경영자로서의 윤리를 바탕으로 과정과 결과 측면에서 투명성을 추구하는 것이 ESG에서 지향하는 지배구조, 즉 거버넌스라고 할 수 있다. 이를 위해 경영진의 양보와 배려, 솔선수범이 우선되어야 한다. 이것이 시스템으로 구축되고 조직문화로 정착한다면 기업으로서는 경영에서의 내재화 단계로 접어든 것이다. 기업의 모든 조직과 구성원이 환경과 사회, 지배구조의 요소를 수용, 이행토록 유도하고 적극 지원하는 경영인이야말로 지속 가능성을 목적으로 삼는 ESG의 근본 취지에 부합되는 존재이다.

2절. 진단 항목

ESG의 3대 요소인 환경, 사회, 지배구조는 핵심 개념이며 이를 실행하는 차원에서는 세부 항목이 필요하다. 이와 관련되어 평가 기관이나 단체, 언론마다 각기 다른 용어로 표기하는데 '평가 항목', '평가 지표', '평가 요소', '진단 항목', '지표 항목' 등 통일되지 않

은 채 사용된다. 본 저자는 산업통상자원부가 적용한 '진단 항목'
으로 표기토록 하겠다.

ESG 경영의 첫 번째 요소인 환경은 기업과 경제의 물질적 존립
기반으로서 중요하다. 지속 가능성과 관련하여 핵심적인 대목이며
막대한 자본 투자가 요구되는 관계로 제조업의 경우 최대의 난관
이라 할 수 있다. 특히 탄소배출과 직결되는 철강, 에너지 업종으
로서는 당장의 현안으로 다가왔으며 제대로 대응치 못한다면 경쟁
의 대열에서 낙오하고 시장에서 퇴출당할 수도 있다는 우려 속에
서 환경 문제를 들여다보는 상황이다.

기업이 환경 요소에서 집중해야 할 분야는 매우 다양하다. 이
가운데 대표적인 것으로서는 기후변화 대응, 탄소배출 저감, 자원
절약, 재활용 촉진, 환경규제 준수 및 환경오염 방지, 청정기술 개
발, 생태계 및 생물 다양성 보전 등등 이슈가 광범위하다. 아울러
지속적인 인적, 물적 투입이 수반되어야만 설정해 놓은 목표의 달
성이 가능해진다.

몇 년 전에 벌어진 국내 건설 분야의 레미콘 파동은 에너지 소
모, 탄소배출이 많은 시멘트업체가 환경규제에 따라 노후 설비의
가동을 대폭 줄임에 따라 생산, 수요 불일치로 나타난 현상이다.
해당 기업 역시 ESG 경영의 적용 대상이 되기에 불가피하게 벌어
진 일이다. 이처럼 탄소중립은 이제 시대정신으로서 거부할 수 없
는 요구이며 모든 기업의 실천 강령이라 할 수 있다.

삼성물산 리조트 부문이 멸종위기 동물인 자이언트 판다 '푸바

오' 가족을 생물다양성 차원에서 지극정성을 기울여 보살피고 자손까지 번식도록 조치한 것은 ESG 경영 측면에서 상징성을 갖는다. 사육사와의 애틋한 관계를 뒤로하고 '푸바오'를 중국으로 돌려보내면서 많은 사람에게 아쉬움을 남겼지만, 이는 국제협약을 준수하는 차원에서 이뤄진 것으로 해석해야 한다.

환경 요소를 이루는 적용 항목을 산업통상자원부의 'K-ESG 가이드라인'에 따라 정리해 본다면 환경 경영 목표, 원부자재, 온실가스, 에너지, 용수, 폐기물, 오염물질, 환경법 규제 위반 등 8개 범주에 22개 항목으로 구성되어 있다. 이 가이드라인은 정부가 기업 경영에 대해 관여하는 차원이 아니라 ESG 경영을 준비할 수 있도록 지원하기 위해 마련된 것이다. 그래서 다른 평가기관의 필수조건이나 요구사항과는 일정 부분 차이가 있다.

산업통상자원부는 이 가이드라인 마련 과정에서 국내외 13개 주요 ESG 평가기관이 사용하는 3천 개 이상의 지표와 측정 항목을 분석하고 이로부터 61개의 핵심 항목을 추려내었다. 국내 기업이 ESG 경영에서 활용토록 일정 기준을 제시해 준 것이다. 핵심 요소 가운데 환경에 해당하는 진단 항목을 도표로 작성하면 다음과 같다.

환경 요소 범주 및 진단 항목	
범주	진단 항목
환경 경영 목표	환경 경영 목표 수립, 환경 경영 추진체계
원부자재	원부자재 사용량, 재생 원부자재 비율
온실가스	온실가스 배출량(SCOPE1, SCOPE2), 온실가스 배출량(SCOPE3) 온실가스 배출량 검증
에너지	에너지 사용량, 재생 에너지 사용 비율
용수	용수 사용량, 재사용 용수 비율
폐기물	폐기물 배출량, 폐기물 재활용 비율
오염물질	대기오염물질 배출량, 수질오염물질 배출량
환경법 규제 위반	환경법과 규제 위반

ESG 경영에서 사회 요소는 그 내용이 매우 복잡하다. 이 가운데 데이터 및 프라이버시 보호, 노동환경 개선, 인권 보호, 산업안전과 보건, 성별 평등 및 다양성 유지, 사회적 약자 보호, 지역사회와의 관계 등이 주요 내용이다. 사회와 관련된 것은 기업 내외의 인간에 관한 관심과 존중, 배려와 지원이 중요한 덕목으로 인식된다. 이는 근로자 및 하청업체와 협력사를 적극적으로 보호하고 지역사회에 공헌하는 상생의 정신이 절대적으로 필요함을 시사한다.

또한 소홀히 할 수 없는 것이 있다. ESG는 개인정보 및 고객정보 보호 같은 정보화 시대의 추세에 부합되는 경영을 요구한다. 데이터는 시간의 흐름과 함께 축적의 과정을 거치면서 빅데이터로 활용될 때 AI 시대를 맞이한 기업의 자산으로 요긴하지만, 자칫 잘못 다루면 크나큰 화근으로 다가올 수도 있다. 데이터센터 화재로 인해 IT 기업이 곤혹스러운 상황에 직면하고 해결에 애를 먹은 사례가 이를 입증한다.

　상당수 기업은 ESG 경영의 사회 요소와 관련하여 언론 보도에 노출되기 좋은 노인, 아동, 장애인 등 사회적 약자에 대한 지원책 마련에 골몰한다. 이런 상황에서 기업의 사회적 영향력 파급과 직결된 '임팩트 이코노미'가 최근 들어 새롭게 주목을 받고 있다.

　산업통상자원부의 가이드라인에 따라 사회 요소의 진단 항목을 정리해 보면 목표, 노동, 다양성 및 양성평등, 산업안전, 인권, 동반성장, 지역사회, 정보보호, 사회법 및 규제 위반 등 9개 범주에 걸쳐 22개의 항목으로 구성되어 있다. 인권 경영과 상생 경영을 추구하는 ESG의 정신이 고스란히 담긴 것이다. 이를 도표로 정리하면 다음과 같다.

사회 요소 범주 및 진단 항목	
범주	진단 항목
목표	목표 수립 및 공시
노동	신규 채용 및 고용 유지, 정규직 비율, 자발적 이직률, 교육 훈련비, 복리후생비, 결사의 자유 보장
다양성, 양성평등	여성 구성원 비율, 여성 급여 비율(평균 급여액 대비), 장애인 고용률
산업안전	안전보건 추진체계, 산업재해율
인권	인권 정책 수립, 인권 리스크 평가
동반성장	협력사 ESG 경영, 협력사 ESG 지원, 협력사 ESG 협약 사항
지역사회	전략적 사회 공헌, 구성원 봉사 참여
정보보호	정보보호 시스템 구축, 개인정보 침해 및 규제
사회법/규제 위반	사회법/규제 위반

　기업 내부의 통제 체계라고 할 수 있는 지배구조의 주요 내용으로서는 이사회와 감사 위원회 구성, 뇌물 및 반부패, 공정성 강화, 법률과 윤리 준수, 여성 임원 실태 등이 거론된다. 기업이 대외적으로 환경을 고려하고 사회적인 이해관계자에 대해 신경을 쓰더라도 '오너 리스크'의 빈번한 사례가 입증하듯이 내부적으로 경영진이나 대주주에 대한 통제가 없는 상황에서 공정성을 무시할 때 경영의 리스크로 작용할 가능성이 높아진다.

　국내 굴지의 건축자재업체는 여성 사외이사를 단 한 명도 두지 않았다는 이유로 언론사의 비판적 보도에 직면했었으며 모 그룹은 총수 일가의 대표이사와 이사회 의장직 겸직 문제로 역시 동일한 상황에 부닥쳐 곤욕을 치른 사례가 존재한다. 한편, 방산 분야 유수 업체는 여성 사외이사를 선임하고 대대적으로 대외 홍보를 했으나 임직원의 횡령 사건으로 인해 평가기관에 의해 등급 하향 조치로 인해 한동안 어려움을 겪었다.

지배구조와 관련되어 경영진과 오너의 전횡을 견제하는 시스템의 도입이 필요하고 준법 의지가 요구되는 상황으로서 삼성그룹의 경우 이재용 회장의 의지에 따라 준법위원회를 설치, 운영 중이다. 카카오는 준법과 신뢰위원회를 구성하여 경영 리스크를 관리하고 있으며 다수의 그룹이 내부에 유사한 조직과 기구를 설치, 운영 중이다.

산업통상자원부의 가이드라인에 따라 지배구조와 관련된 세부 내용을 확인해 본다면 이사회 구성, 이사회 활동, 주주 권리, 윤리 경영, 감사 기구, 지배구조 법과 규제 위반 등 6개 범주에 걸쳐 127개 진단 항목이 설정되어 있다. 이는 ESG의 지배구조가 갖는 목표인 투명 추구의 경영, 윤리 지향의 경영, 도덕 실천의 경영을 위해 필요한 것들이다. 지배구조와 관련된 적용 지표를 도표로 만들어 보면 다음과 같다.

지배구조 요소 범주 및 진단 항목	
범주	진단 항목
이사회 구성	이사회 내 ESG 안건 상정, 사외이사 비율, 대표이사와 이사회 의장 분리, 이사회 성별 다양성, 사내이사 전문성
이사회 활동	전체 이사 출석률, 사내이사 출석률, 이사회 산하 위원회, 이사회 안건 처리
주주 권리	주주총회 소집 공고, 주주총회 집중일 이외 개최, 집중/전자/서면 투표제, 배당정책 및 이행
윤리 경영	윤리 규범 위반 사항 공시
감사 기구	내부 감사 기구 설치, 감사 기구 전문성(감사 기구 내 화계/재무 전문가
지배구조법/규제 위반	지배구조법/규제 위반

3장

ESG 경영 정책과 행정

1절. 정부 정책

ESG는 민간 주도로 태동하였으며 기업의 현안인 만큼 정부가 주도권을 발휘하는 것은 아니다. 그럼에도 국가 경제에 미치는 영향이 크기 때문에 글로벌 차원으로 보더라도 우리나라 정부는 물론 각국 정부도 일정 부분 개입을 하는 상황이다. 물론 정부가 모든 문제를 쉽사리 해결할 수 있는 존재는 아니다. 정부의 역할은 예산이 갖는 경직성, 관료주의 관행, 정치권의 포퓰리즘 등 다양한 요인으로 인해 한계를 갖는다.

하지만 국가 운영 과정에서 각계각층이 망라된 이해집단 사이에서 조정자나 중재자로서 정부의 역할에는 여전히 변함이 없다. 민간 분야의 역할과 기여, 이에 따른 중요성이 증대되는 가운데 많은 국가에서 '작은 정부'를 지향하는 상황이지만 정책을 통해 정부가 공정한 룰을 만들고 집행하는 것은 국민으로부터 부여받은 의무이자 권한이다.

ESG가 국내에서 본격화하면서 우리 정부 또한 적극적인 움직임을 보인다. 국무총리 직속 부처로서 금융정책을 총괄하는 금융위원회는 '2025년부터 자산 총액 2조 원 이상 코스피 상장사들의 ESG 공시 의무 제도 도입' 및 '2030년부터 모든 코스피 상장사로 확대 방침'을 확정했었다. 그 이후 경제계와 기업들의 실정과 입장을 수용하여 공시를 1년 유예한 상태이다.

우리 정부는 ESG 경영 공시 의무가 글로벌 스탠더드에 부합되는 조치로 판단하고 있다. 실제로 일찍부터 공시 의무를 부과한 유럽 국가의 경우 ESG 경영에 어긋나는 제품은 수출입까지 규제하는 상황이다. 그 때문에 우리 정부로서는 경제계의 요구에도 불구하고 기존의 유예 시기에 대한 재수정이 매우 어렵다는 입장이다. 수출 주도의 경제 구조로 인해 다른 국가, 특히 EU를 중심으로 한 서구권의 추세를 외면할 수 없다는 것이다.

정부 차원에서 ESG 정책을 강화하려는 것은 민간 분야의 경영이 국가 정책과 긴밀하게 연동됨으로써 사회적 합의와 경제적 성장의 궤도를 벗어나지 않도록 적극적인 규제는 물론 지원하려는 의도에서 비롯되었다. 정부의 개입 배경을 ESG 개념의 요소별로 살펴보겠다.

첫 번째는 기후변화 대응 차원이다. 전 세계적으로 기후변화 문제가 심각해지는 가운데 초연결의 글로벌 시대에 우리는 이제 제3자가 아닌 당사자가 되었다. 따라서 정부는 기업의 환경 경영을 지원해야 한다는 절박한 인식을 갖고 모든 사회 영역에서 탄소중립 달성을 위한 정책 수립과 집행에 나서고 있다. 이와 관련하여 전력

생산의 탈탄소화, 연료의 전환, 에너지 효율의 혁신, 탄소 흡수원의 보존과 확충을 향후 방향으로 선정한 바 있다.

두 번째는 사회적 책임의 구현 차원이다. 기업은 고용과 납세의 핵심적인 임무를 수행하는 존재로서 이미 국가에 크게 기여하고 있다. 그럼에도 기업이 추가로 사회적 책임을 다함으로써 노동권이 보호되고 동반성장이 가능해지며 지역사회가 활력을 얻는다. 민간 영역에서 배려와 나눔의 경제가 약속되어야만 사회가 안정을 찾고 경제는 지속 가능성을 유지할 수 있다. 기업이 ESG 경영으로 얻는 것은 사적 편익에 속하지만, 이를 공적 편익으로 이어지도록 조정, 감독하는 것은 분명히 정부의 몫이다.

세 번째는 지배구조 개선 차원이다. 기업은 투명하고 윤리적인 경영을 이행해야만 신뢰성이 제고되며 결과적으로 경제 전반의 건전성, 이해관계자의 동의가 확보된다. 금융위원회나 공정거래위원회 같은 정부 조직이 법률과 정책으로 대기업 총수의 소유와 경영 등에 관해 경제 정의 구현 차원에서 상시로 들여다보고 있는 가운데 ESG 경영은 이를 제도로서 보완해 주는 역할을 담당한다. 다만 해당 기업이나 기업인으로서는 민간 분야에 대한 정부의 새로운 견제와 개입으로 여겨질 수도 있다.

금융위원회의 ESG 경영 공시 의무 방침은 특정 규모 이상의 자산 보유 업체에 직결되는 문제이지만 공급망 측면에서 협력사, 하청업체까지 포함해서 산업의 생태계가 구축된 상황이라 결국 산업체 모두에게 해당하는 조항으로 이해할 필요가 있다. 그래서 근래 대기업 사이에서는 공급망 차원으로 관계를 맺은 협력업체나 하청업체의 ESG 경영이 적시에 확행될 수 있도록 펀드 조성, 교육과 훈련 같은 지원책 강구가 화두로 대두되었다.

아울러, 금융위원회는 자산 총액 5천억 원 이상 코스닥 상장사에 대해서도 적용을 신중히 검토하는 등 'ESG 경영 확행' 차원에서 기업 공시를 기본 의무로 부과하는 정책을 추진 중이다. 이제 규모와 업종을 떠나 대다수의 한국 기업은 ESG 경영을 시행할 수밖에 없는 것이 현실화되었다.

공시 의무는 탐정업의 시장 확장 차원에서 대단히 중요한 포인트로서 만약 의무가 아닌 권고 사항이었을 경우 기업은 골치 아프고 까다로운 ESG 경영에 쉽사리 나서지 않았을 것이 명약관화하다. 공시는 향후 일정에 따라 의무로서 회피가 불가하므로 기업으로서는 '울며 겨자 먹기'이지만 절차와 일정에 맞춰 이행할 수밖에 없는 시대로 진입하는 단계인바, ESG 경영의 3대 요소를 세분화할 경우 들여다봐야 할 평가 지표가 대단히 많아 자체적으로 사실 확인과 점검을 할 수 없는 것이 현실이다.

흥미로운 것은 ESG와 관련하여 정부 정책의 수립과 발표 과정에서 탐정업의 업무 공간이 발생한다는 점이다. 예를 들자면 환경 요소의 경우 엄격한 행정 규제의 실정에서 대기업으로서는 협력업체 공장의 무단 폐수 방류, 친환경에 위배되는 원자재 사용 등에 대해 서류상 자료 검토 정도만 가능할 뿐 업무 가중 요소 증가, 인력과 조직의 한계 등으로 인해 실상 확인이 결코 용이하지 않아 지속적으로 애로를 겪는다.

　사회의 경우 대형 건설사 현장 사례에서 드러났듯이 건축 현장에서의 기준 위반 콘크리트 양생, 안전 조치 미흡 등 행태를 본사 차원에서 확인 감독하기는 불가한 것이 현실이다. 그럼에도 일선 행정 당국의 규제와 감독은 예외가 없이 적용된다. 고객정보 유출 같은 데이터 보호 역시 기술에 특화된 외부 전문가의 조력이 절실한바, 이는 탐정의 주요 업무 가운데 하나라는 측면에서 접근해 볼 필요성이 제기된다.

　지배구조의 경우를 살펴본다면 이사회나 감사 위원회 구성과 관련, 검증되지 않는 인사를 멤버로 선임하면 언론과 시민단체 같은 외부의 지적과 비판을 받을 수 있으며 관계 기관의 규제와 감독이 이어질 수도 있는 만큼 대책 마련이 긴요하다. 그 가운데 선택지로서 대상 인물에 대한 평판 조회가 있다. 특히 정보와 사실관계 확인에서 특장점을 가진 탐정이 역할을 담당해 준다면 기업의 건전한 지배구조 구축에 도움이 될 것이다.

　정부의 환경정책 주관 부처인 환경부는 그간 고수했던 규제 일변도의 정책이 아닌 장려와 지원의 차원으로 ESG 정책을 추진하고 있다. 우리나라가 국제사회에 약속한 국가 온실가스 감축 목표를 차질 없이 이행키 위해 사회 각계각층과 소통하는 과정을 거쳐 '제1차 국가 탄소중립·녹색성장 기본 계획'을 수립하였고 화학물질 관리처럼 업체가 현장에서 적용하기 어려운 규제를 국제 수준에 맞게 과감히 혁신하는 조치도 내놓았다.

특히 주목되는 것은 미래 성장 동력인 환경의 잠재력을 경쟁력으로 전환하기 위해 녹색산업의 내·외연을 확장하려는 노력이다. 2023년 EU에서 탄소 국경 조정 제도가 시행되고 국제회계기준의 지속 가능성 공시기준이 확정되는 등 환경 자체가 새로운 경제의 언어로 자리 잡은 현실에서 환경부는 탄소중립, 순환 경제의 생태계 조성으로 국가 경쟁력을 강화하는 동시에 지역별로 녹색투자가 이뤄져 지방경제의 활성화로 이어질 것을 기대하고 있다.

우리나라 경제정책의 컨트롤 타워인 기획재정부는 ESG 경영과 관련, 조력자로서의 정부 역할을 강조하면서 기업들이 친환경사업 재편, 사회적 가치 실현, 투명한 지배구조 확립 등 실질적인 시스템 구축 및 이행으로 전환되도록 뒷받침할 방침을 밝히고 있다. 이 부처의 인식은 ESG 확산이 친환경 경제, 포용 경제, 공정 경제로 체질을 개선할 기회라는 것이다.

이를 구체화하기 위한 차원에서 기획재정부는 민간 주도의 생태계 조성을 목표로 삼고 시장과의 소통을 강화하면서 지원 및 장려 정책을 내놓고 있다. 실제로 공공기관의 ESG 경영 확산을 유도하기 위해 2023년에 '공공기관의 통합 공시에 관한 기준 개정안'을 마련했는바 개정안에는 장애인 고용률, 중소기업 제품 구매 실적, 비상임이사 활용 내용, ESG 경영위원회 실태 등이 포함되어 있다.

공정거래위원회는 ESG의 사회적 요소 및 지배구조 요소와 관련하여 대기업과 중소기업의 상생, 대주주의 실질적 지배 상황 등을 상시로 들여다보고 있다. 이 부처는 기업의 준법 경영을 통한 공정

경제 이행과 정착을 목표로 삼고 있다. 경제부처인 산업통상자원부와 중소벤처기업부는 산업계의 ESG 경영을 정책적으로 뒷받침하는 중이다.

특히 중소벤처기업부는 자금과 조직의 부족으로 인해 ESG 경영 도입에 애를 먹는 중소기업과 벤처기업을 위한 다양한 정책 지원책을 마련하는 중이며 중소기업중앙회를 통해 주요 업종별로 지원 대상자를 선정하고 관련 컨설팅을 해주도록 시스템을 구축해 놓은 상태이다.

2절. 지방 행정

비재무적 측면을 중시하는 ESG는 이제 기업의 경영뿐만 아니라 중앙정부와 지방자치단체에도 지극히 필요한 개념이 되었다. 특히 탄소중립 이행 및 관내 다양한 이해관계자와의 소통과 협력은 지방 행정에서 필수적인 업무로 인식되고 있다. 그 때문에 우리 사회에서는 ESG가 단순히 기업의 범주에만 머물지 않고 공공의 영역으로까지 확대되는 추세를 보인다. 이는 환경과 상생, 공정을 중시하는 새로운 가치가 공공 차원에서도 요구, 적용되는 것임을 의미한다.

사회적 책임이라는 측면에서 기업보다 더욱 큰 역할을 부여받은 지방정부는 현재 우리 사회가 부여받은 환경, 사회와 관련된 과제 해결을 위해 ESG 경영을 주목하고 있다. 개별 기업이 자체적인 역량만으로 사회적 가치를 창출하는 데는 분명히 한계를 드러내는 가운데 지방정부가 ESG를 행정에 접목할 때 환경 문제, 양극화, 사회적 약자 돌봄 같은 지역공동체의 현안 해결이 더욱 효과적으로 추진될 가능성이 높아진다.

기업은 태생적으로 ESG에 앞서 이윤 극대화를 목표로 삼을 수밖에 없는 존재이다. 이에 비해 지방정부는 지역공동체 보호, 공익의 실현을 최상의 목표로 삼는 만큼 "공공의 선을 지향한다."라는 차원에서 ESG의 기본 개념에 부합되는 주체이자 관내 기업의 조력자로 손꼽힌다. 민간 기업과는 달리 공공성과 사회적 책임을 요구받는 자치단체가 지역공동체의 다양한 현안을 해결하는 과정에서 환경과 사회 문제에 대한 접근 방식인 ESG에 주목하고 이를 적용하는 것은 어찌 보면 시대의 흐름에 따르는 당연한 순서이다.

우리 사회에서 수도권과 지방 간 경제, 인구 등의 비대칭 현상이 심화되는 것에 대한 우려가 깊어지는 가운데 ESG는 지방자치단체들이 행정의 영역과 결합을 통해 지속 가능한 발전을 시도해 볼 수 있는 새로운 해법으로서 인식되는 상황이다. 광역자치단체는 물론 기초자치단체도 ESG 행정을 본격적으로 도입함으로써 관내 공동체와 연대, 협력을 끌어내고 지역 주민의 복지 향상과 거주 환경 개선 같은 다양한 효과를 기대할 수 있다.

지방자치는 중앙집권의 상대적인 개념으로서 전국이 아닌 일정 지역을 범위로 삼는바, 해당 지역의 행정기관과 의회 및 주민에 의해 운영되는 정치체계이다. 주민의 투표권 행사 결과에 따라 선출되는 사람들이 권한을 위임받아 지역 행정을 관할하기 때문에 이른바 '풀뿌리 민주주의'라고도 칭한다. 따라서 주민의 주거와 복지 등 생활과 관련한 다양한 민원을 최일선에서 처리하는 것이 지방자치의 핵심적인 업무이다.

코로나19 팬데믹 당시 각 지역 보건소를 중심으로 이뤄졌던 환자 발생 대응, 백신 접종 등의 과정에서 여실히 입증되었듯이 자치단체에 의해 수행되는 사무는 주민의 안위와 1차적으로 연결된다.[23] 이에 따라 의료 및 보건 업무가 기존의 행정 문건과 각종 인허가 처리, 건축과 환경 분야 감독 및 관리 같은 업무를 뛰어넘는 현안으로 부상하였다. 여기에 더해 저출산과 고령화 대응, 외국인 유입과 다문화 추세 대처 등이 새로운 업무로 추가되는 실정이다.

일본의 관료 출신 정치인 마스다 히로야増田寬也가 2014년 보고서를 통해 처음으로 사용했던 '지방 소멸'이라는 용어는 당시 자국 내에서 큰 반향을 불러일으켰고, 우리나라에도 소개되면서 인구 감소에 따른 지방의 위기의식을 고조시켰다. 이제는 이 용어 사용이 일상화되었으며 언론에서도 인구절벽의 우려와 함께 "농어촌뿐만 아니라 상당수의 지방 중소도시 역시 소멸할 가능성이 높다."라는 기사를 지속적으로 내보내는 상황이다.

---

23) 문봉수, 『삼성과 효도 경영』, 북랩, 2023, p. 262.

우리 헌법은 제117조에서 "지방자치단체는 주민의 복리에 관한 사무를 처리하고 재산을 관리하며 법령의 범위 안에서 자치에 관한 규정을 제정할 수 있다."[24]라고 명문화해 놓았다. 한편, 지방자치법 제1조는 "지방자치단체의 종류와 조직 및 운영, 주민의 지방자치행정 참여에 관한 사항과 국가와 지방자치단체와의 사이에 기본적인 관계를 정함으로써 지방자치행정을 민주적이고 능률적으로 수행하고, 지방을 균형 있게 발전시키는 것을 목적으로 한다."[25]라고 규정하였다.

각 조문 내용 가운데 주민, 복리, 참여, 민주, 능률, 균형, 발전 등의 단어가 눈에 띈다. 이 단어들은 지방자치가 추구하는 가치를 대변하는 것으로서 결국 지속 가능함을 지향하며 공동체의 상생을 중시하는 ESG의 가치와도 분명히 일맥상통한다. 기업이 ESG를 수행하는 것이 기본이지만 가치 측면에서 본다면 공공성을 가진 자치단체에 더 적합할 수 있다.

지방정부가 ESG 개념을 도입하는 것은 공공 차원의 관점에서 볼 때 지역 소재 기업의 경제활동은 물론 지역 주민이 누리는 삶의 질 향상과도 깊은 연관성을 갖는다. 아울러 지방정부가 대의명분을 갖고 공공사업 시행 시 필요한 사회적 허가social license, 즉 주민의 동의와 협조를 얻는다는 측면에서 매우 중요한 가치이자 과정이다.

---

24) 법제처, 국가법령정보센터.
25) 법제처, 국가법령정보센터.

다만 아직은 ESG에 대한 지방정부의 인식과 이해도가 미흡한 것이 사실이다. 법제처 국가법령정보센터의 '자치법규'에 등록된 전국 17개 광역자치단체 및 226개 기초자치단체의 ESG 관련 조례는 현재 50건에 미치지 못하는 수준이다. 물론 그 숫자는 지속적으로 증가 추세를 보이는 중이지만, 핵심 역할을 수행해야 할 광역자치단체 가운데 일부는 관련 조례를 마련했음에도 불구하고 구체적인 로드맵이 없을 정도이다.

여전히 지방 행정의 현장에서 단체장이나 의회 관계자의 ESG에 대한 이해도가 낮고 필요성을 제대로 실감치 못하는 것이 현실이다. 자치단체장의 업적 홍보용으로 활용한다든가 구색 갖추기로만 접근한다면 예산 낭비일 뿐, 실질적인 성과의 기대는 어렵다. 결국 잘못된 ESG 행정은 주민의 부담으로 전가되고 지역공동체의 발전은 기대할 수 없는 것이다.

다산 정약용이 지방관의 리더십 함양을 위해 저술했던 목민심서牧民心書에는 노인에 대한 봉양, 버려진 아이의 양육, 고립무원의 사람과 상을 당한 사람에 대한 보살핌, 병자에 대한 배려, 재난을 당한 자의 구제같이 백성을 보호하고 편히 살도록 조치하는 애민愛民의 항목이 들어 있다. 현대사회의 지방 행정에서도 매우 중요한 가치이다. 시대는 다르지만, 상대적인 약자를 보호하고 안정된 삶을 영위토록 역할에 힘쓰는 것이야말로 오늘날 지방정부와 단체장이 ESG의 기본 가치를 행정에서 구현하는 첩경이 된다.

지방자치단체의 ESG 경영이 시작되었지만, 아직도 명분과 실제에서는 괴리 현상이 존재한다. 실례로, 조달청 나라장터에 등재되는 공공 조달의 건수가 10만 건에 달하는 가운데 입찰 참가 업체의 제안서는 대다수가 프린터로 출력, 제출되는데 그 양이 매수로 300억 장에 달할 정도로 막대하다. 그 때문에 전문가들은 ESG 경영을 외치는 자치단체가 IT 기술을 활용한 제안서 접수 및 평가방식을 도입할 것을 제안하고 있다. ESG 요소 중 환경적 측면에서의 조치가 행정에서 반영되는 것이 기본임을 강조한 것이다.

한편으로는 일부 자치단체의 경우 ESG를 유행의 측면에서 해석하고 "다른 자치단체가 시행하니 우리도 해본다."라는 식으로 접근함으로써 사전 준비 미비로 인해 전문 인력과 조직의 부재, 주민에 대한 홍보 및 소통의 부족 등의 현상이 벌어지고 있다. 이에 따라 중구난방식의 사업 집행이 이뤄지고 결국 행정의 비효율성과 예산 낭비 같은 문제점이 드러나 언론의 비판과 시민사회단체의 질타가 이어진 사례도 존재한다.

그리하여 지방정부의 운영과 관련하여 중앙정부의 기존 평가 방식 외에도 민간기관에서 자체적인 기준을 마련하여 구체적인 평가를 시행 중이다. 일부 평가기관은 이미 지방정부의 ESG 경영을 주기적으로 평가하고 그 결과는 언론을 통해 공개하는 중이다. 광역단체와 기초단체를 분리, 순위까지 매길 정도로서 지역 주민과 유권자로서는 거주 자치단체와 단체장에 대해 판단하는 데 있어서 중요한 자료로 활용이 가능하다.

현대사회학과 정치학 등에서 수용되는 체계론에 의하면 유기체는 산출output의 일부를 투입input으로 환류feedback시킴으로써 자극에 대한 반응이나 활동을 자동으로 수정 내지 교정하는 메커니즘을 갖고 있다. 행정 조직도 마찬가지로서 외부 기관의 ESG 평가는 지방정부에 자극으로 작용하며 촉진의 임무를 수행하는 긍정적인 측면이 있다.

여기에서 주목되는 점은 지방 행정의 ESG 경영 시행에 대한 평가는 기업의 경우와는 달리 3대 핵심 요소인 환경, 사회, 지배구조가 동일한 비중을 갖지 않고 중요성이 차별적으로 인식된다는 것이다. 경영 주체의 성격과 목적이 태생적으로 기업과는 차이가 나기 때문이다.

그 사례로 ESG 행복 경제연구소는 '지자체의 ESG 지표 평가모델'을 개발하고 결과에 대한 평가 비율을 환경 50%, 사회 30%, 지배구조 20%로 만들어 놓았다. 지방정부는 소유주가 따로 없는 공공기관임을 감안하여 지배구조 비율이 낮고 환경에 대한 비율이 상대적으로 높은 특성을 갖는다. 이 연구소의 기준에 의하면 ESG에서 환경은 가장 중요한 요소로서 지방 행정이 이행을 통해 궁극적으로 달성해야 할 핵심적인 목표가 된다.

4장

ESG 경영 법률과 법제

1절. 유관 법률

ESG와 연관된 법률과 제도의 신설은 ESG 경영의 촉진 및 정착을 지향하는바, 법률에 따라 ESG 경영을 잘하는 기업은 시장의 선택을 받고 그 반대라면 도태되는 분위기 조성에 일조하고 있다. 이럴 경우 정부와 시민사회로서는 막대한 세금의 투입 없이도 환경과 사회 문제 해결이 가능해지고 기업과 투자가로서는 중장기적인 수익을 기대할 수 있는 긍정적인 성격을 갖는다.

ESG와 원래는 연관성이 없었지만, 이전부터 중시해 왔던 환경, 인권, 노동, 안전, 보건 등의 가치를 담은 법률과 제도의 보완 및 개정이 이후로도 지속될 것이며 결국 ESG와 조우하는 상황으로 진행될 것으로 전망된다. 국회에서 입법에 큰 매력을 느끼는 분야이기 때문이다.

ESG 정신을 담은 입법이 시작된 이후 각종 법률이 등장했는바, 대표적인 것이 2022년 3월부터 시행된 '기후 위기 대응을 위한 탄소중립·녹색성장기본법'이다. 이 법률에서는 주요 국가계획이나 개발 사업과 관련, 기후 영향 실시 및 평가를 하는 내용이 들어 있으며 정부 출연금을 활용한 기후 대응 기금의 설치를 규정해 놓았다. 이는 ESG 요소를 정부의 정책 방향 설정에서 반드시 반영토록 하는 흐름을 보여주고 있다.

ESG에 대한 접근 과정에서 촉발된 것은 아니지만 기업이 가장 관심을 보이는 것은 2022년부터 시행된 '중대재해 처벌 등에 관한 법률'과 2024년부터 시행된 '산업안전보건법'이다. 당시에 "산업현장에서 빈번하게 발생하는 재해, 보건상의 문제 등으로 인해 근로자가 사망 내지 신체적 피해를 보지 않아야 하며 사용자는 이를 예방 및 감소시켜야 할 의무를 갖는다."라는 여론이 일었다.

이에 따라 관련 기업에 대해 엄격하게 책임을 묻기 위한 법률이 제정되었다. 이미 전국 곳곳의 공장과 건설 현장 사례에서 드러났듯이 사업주나 경영 책임자에게 형사적 처벌을 가할 수 있기 때문에 경제계와 산업계의 반발과 비판적 반응이 존재한다. 특히 '중대재해 처벌 등에 관한 법률'은 사고의 규모와 파장에 따라서 경영권의 문제로까지 비화할 가능성이 존재한다.

기업의 현안으로 대두된 '중대재해 처벌 등에 관한 법률'에는 "사업 또는 사업장, 공중이용시설 및 공중 교통수단을 운영하거나 인체에 해로운 원료나 제조 물품을 취급하면서 안전·보건 의무를 위반하여 인명피해를 발생하게 한 사업주, 경영 책임자, 공무원 및 법인의 처벌 등을 규정함으로써 중대재해를 예방하고 시민과 종사자의 생명과 신체를 보호함을 목적으로 한다."[26]라고 명시되어 있다. 이 법률은 기업이 이해관계자를 보호할 의무를 진다는 차원으로 적용되고 있다.

그리고 '산업안전보건법'의 경우 "산업안전 및 보건에 관한 기준을 확립하고 그 책임 소재를 명확하게 하여 산업재해를 예방하고 쾌적한 작업환경을 조성함으로써 노무를 제공하는 사람의 안전 및 보건을 유지, 증진함을 목적으로 한다."[27]라고 규정되어 있다. 이는 산업현장에서 근로자의 안전과 보건을 준수해야 된다는 것을 기업의 의무로써 강제한 것이다.

기업의 지배구조를 개편키 위한 입법부의 움직임은 '독점규제 및 공정거래에 관한 법률' 개정안에서 확인된다. 2021년 12월부터 시행된 이 개정안은 사익 편취 규제 대상 기업의 수를 늘렸으며 친족 독립 관련 규정도 강화하였다. 아울러 임원 독립 경영 제도의 기준을 완화함으로써 전문경영인의 입지를 넓혔다. 이처럼 기업의 투명성 제고를 확립시키도록 강제하는 각종 법률 개정이 지속적으로 진행되는 상황이다.

ESG의 가치와 유관한 법률 제정 및 개정안이 다수 국회에서 대기하는 중이다. 수출입은행, 무역보험공사, 산업은행 등 국책 금융기관 관련 법률 개정을 통해 화석연료 산업, 특히 석탄 산업에 대

---

26)   법제처, 국가법령정보센터.
27)   법제처, 국가법령정보센터.

한 투자를 금지토록 하는 법률안이 준비되어 있다. 아울러 정부조달 분야에서는 '조달사업에 관한 법률'의 개정으로 공공 조달 절차에 있어 기업의 사회적 책임 등에 관한 것을 강행 규정으로 바꾸려는 입법 움직임도 존재한다.

더욱 광범위하게 공공기관의 ESG 이행을 의무화시키고 이를 기관 평가에 반영토록 하는 '공공기관의 운영에 관한 법률' 개정안이 주목받는가 하면 '기후 위기 대응을 위한 녹색금융 촉진 특별법' 같은 경우 환경 분야에 대해 자발적 관심과 실질적 노력을 기울이는 기업에 금융 인센티브를 부여하는 내용으로 입법이 추진되고 있다. 이와 같은 법안들은 시기의 문제일 뿐, 조만간 국회를 통과해 언제든지 구속력을 갖고 시행될 가능성이 높다.

ESG와 관련된 법률의 변화 추이를 살펴보면 국가와 사회적으로 ESG 경영의 도입과 이행을 강제하는 분위기가 확산하고 있음을 알 수 있다. 환경, 사회, 지배구조 등의 개념에 대한 인식이 희미했던 초창기에는 기업에 대해 관련 정보 공시를 권유하고 공공기관의 경우 ESG 경영을 고려토록 촉구하는 수준이었으나 이제는 관련 법률로서 의무화시키는 방향으로 나가는 상황이다.

해당 법률과 관련된 장관급 부처는 환경부, 산업통상자원부, 중소벤처기업부, 고용노동부, 보건복지부, 과학기술통신부, 기획재정부, 행정안전부, 국민권익위원회, 금융위원회 등으로서 가히 범정부 차원이라 할 수 있다. 다만 정부 내 부처별로 상이한 입장 고수와 적용에 따른 정책 혼선을 야기하는 경우도 자주 발견된다.

ESG 관련 법률 가운데 고용노동부 소관이 30건, 중소벤처기업부의 경우 10건, 산업통상자원부는 무려 55건에 달한다. 또한 환경부에 해당하는 ESG 유관 법률은 49건[28]으로서 향후 더 늘어날 것으로 전망된다. 이는 자칫 법률에 근거한 합법적 규제로 작용하면서 기업의 부담을 가중시킬 수도 있음을 시사한다.

위에서 나열된 정부 부처의 명칭을 보면 알겠지만 이제 ESG 경영은 몇몇 특정 부처가 아닌 정부 전체 차원으로 진행해야 할 상황이다. 비판적인 측면에서 언급하자면 정부기관의 규제와 지침에 따른 기업 부담의 가중이 우려된다는 것이다. 이와 관련하여 해당 부처 공무원의 퇴직 이후 전관예우의 구태가 반복될 가능성이 제기되는 것도 지나칠 수 없는 부분이다.

우리나라의 헌법 체계상 대통령의 5년 재임 단임제가 현실이며 여기에 부처 이기주의 등 특성상 장기적, 복합적, 체계적으로 ESG 이슈를 정부 차원의 전략만으로는 추진하는 것이 한계가 있다. 그래서 관련 분야 전문가들은 ESG 기본법 제정이 시급하다는 의견을 개진 중이다.

대통령의 특별 지시가 있기 전까지 수자원 관리를 놓고 국토교통부와 환경부 간 지속적으로 관할권 다툼을 벌인 것이 대표적인 사례이다. 정책과 소관 문제로 인해 벌어지는 영역 다툼은 정부 부처라도 예외는 아닌 것이 현실이다. 부처 이기주의를 극복하는 것

---

28) 2024년 1월 기준 수치이다.

이 중요한 시점에서 ESG는 그 성격과 요소로 인해 통일된 정책으로 접근하는 것이 용이하지 않다고 할 수 있다.

ESG와 법률관계를 연구하는 전문가들은 "현재의 상황에서 기업이나 해당 단체의 최선책은 ESG 경영과 관련된 법률의 제정과 개정을 지속적으로 모니터링하고 집단지성의 방식으로 대응책을 강구할 필요가 있다."라는 견해를 피력한다. 기업으로서는 자칫 규제로 인식될 수 있겠지만 그래도 ESG 관련 법률을 주목해야 하는 이유를 설명토록 하겠다.

첫 번째는 법률의 제정에 따른 준수의 의무이다. ESG 관련 주요 법률은 기업이 반드시 지켜야 할 법적인 요구사항을 정의해 놓은 것이다. 기업으로서는 환경보호, 노동자 권리 보호, 부패 방지, 경영진의 준법 등과 같은 ESG 각 요소의 법적인 요구사항을 충족시켜야 한다. 법률의 준수는 외부에 비치는 기업의 이미지와 평판 차원에서도 대단히 중요하며 법적 문제에 의해 발생할 수 있는 리스크를 사전에 방치하기 위해서도 필요하다.

두 번째는 법률의 제정에 따른 사업 기회의 발굴이다. ESG와 유관한 주요 법률들은 기업이 환경과 사회적 차원의 문제를 해결하는 과정에서 새로운 사업 기회를 마련토록 기회를 부여해 줄 수 있다. 예를 들자면 근래 글로벌 차원의 현안인 기후변화 대응을 위한 법률적 요구는 탄소 배출과 관련한 신재생에너지와 친환경 기술에 대한 수요를 증가시키는 계기가 된다. 이를 기반으로 기업은 신제품과 서비스, 신기술을 개발하게 되고 새로운 사업 모델의 확보도

가능해진다.

세 번째는 법률의 제정에 따른 투자자의 요구 충족이다. 국내외 대다수 투자자는 ESG 경영을 이행하는 기업의 정책과 성과에 대해 상시로 관심을 둔다. 기업으로서는 ESG 관련 법률을 준수하고 요구받는 정보를 공개함으로써 투자자와의 신뢰 관계를 구축, 유지할 수가 있다. 법률을 매개체로 삼아 기업이 투자자의 요구를 충족시키면서 신용도를 높인다면 예측할 수 있는 투자 대상으로 인식될 계기가 마련되면서 상호 작용의 선순환 구조를 만들 수 있다.

네 번째는 법률의 제정에 따른 지속 가능성 경영이다. ESG 유관 법률들은 모두 기업이 환경적 측면 중시, 사회적 이슈 해결, 지배구조 시스템 구축 같은 목표를 달성토록 가이드라인을 제시하고 있다. 이를 근간으로 기업은 지속 가능성을 염두에 둔 경영 전략을 수립, 이행함으로써 장기적인 관점에서 체계화된 운영이 가능해지고 시장 경쟁에서 우위도 점할 수 있게 된다. 환경 요소의 범주 내에 드는 기후변화 관련 법률은 기업이 온실가스 배출을 감소시키고 친환경 기술을 도입에 따른 체질 개선 효과를 가져다준다. 이는 결국 기업의 지속 가능성을 높이는 첩경이 되는 것이다.

2절. 입법 동향

ESG는 이제 경제계와 기업의 자발적 규범을 벗어나 법률과 규제로 진행되는 추세를 보인다. 우리 입법부는 글로벌 기업에 요구되는 환경, 사회, 지배구조를 국가 차원에서 체계적으로 관리, 진흥토록 규정하는 내용의 법률 입법을 추진 중이다. 그 내용은 기존의 ESG 경영과 관련된 법률 가운데 60개를 모아 통합 법제화를 통하여 정책 이행의 실효성과 건전성, 안전성을 강화하자는 것으로서 현재 관련 법 제정이 감지되는 상황이다.

입법부의 존재 가치는 국민 복리를 증진하고 정부 사무의 객관성을 추동토록 입법하는 것인 만큼 대체적인 여론은 ESG 입법이 현실적으로 필요한 조치임에는 동의하고 있다. 그럼에도 경제계와 산업계에서는 ESG 가치 도입이 자칫 기업의 경영 및 생산 활동과 관련하여 부담의 증가로 이어지는 가능성을 경계하는 것도 사실이다.

경제계 일각에서는 ESG의 성격을 놓고 경영 전략 차원의 패러다임으로서 변수가 많고 글로벌 경제의 추세에 대한 예측이 어려운 가운데 이를 법률로 규정하는 것은 리스크가 있다는 지적이 나오는 상황이다. 아울러 다른 법률과의 중복성, 획일화된 규제로의 변질 가능성도 제기하는 중이다. 경제계가 그간 법률 제정과 관련하여 경험했던 학습 효과가 작동됨을 알 수 있다.

다만 우리 정부는 기업이 글로벌 스탠더드에 따른다는 대의명분, 중복 또는 유사한 규제의 법률 병존에 의한 이중 규제 해소,

지속 가능한 경제 시스템 구축 차원으로 볼 때는 통합법 제정이 중장기적으로는 필요하다는 판단을 내렸다. 이는 누구도 부정할 수 없다. 단기간의 이익 추구에서 벗어나 지속 가능성을 염두에 두는 것이 국가경쟁력 강화 차원에서 행정부와 입법부, 기업 모두에게 과제로 부여된 것이다.

우리 경제가 갈라파고스 증후군처럼 변화와 적응을 뒤로한 채 고립무원의 상황을 자초할 수 없고 세계적인 흐름을 능동적으로 수용, 이행해야만 미래를 기약할 수가 있기에 당사자들은 전반적으로 동의를 하는 것이 현실이다. 전 세계가 초연결되는 시대를 맞아 추세에 부응하고 지속 가능성을 담보할 수 있는 현명한 방식 경영으로서 ESG가 활용되는 배경이다.

갈라파고스 제도의 상황처럼 특정 지역이나 기업이 외부와 단절된 채 자신들만의 방식으로 현상 유지에만 급급할 경우 다른 곳과 세계에서는 전혀 통하지 않거나 경쟁력을 상실할 수밖에 없다. ESG를 외면 내지 도외시한다면 갈라파고스 증후군을 피하기 어렵다. 이를 우려한 공적인 움직임이 우리나라에서는 관련 입법으로 나타나고 있다.

구체적으로 '환경·사회·지배구조 경영 기본법'으로 2023년 7월 초안이 공개되었는바, 정부의 10년 단위 ESG 기본 계획 수립, 금융기관에 대한 ESG 위험 감독, 평가기관의 평가 결과 공시 등이 주요 내용이었다. 이 법률 발의자는 당시 민주당 소속의 이원욱 의원으로서 선점 효과를 내기 위해 이미 초안을 만들고 간담회,

세미나, 언론 홍보 등의 과정을 완료한 데 이어 기업과 정부 부처 대상 설득 작업에 착수했었다.

그러나 그가 22대 총선에서 낙선함으로써 동력이 상실되었다. 당시 공개되었던 이 법률은 'ESG 기본법'으로도 불리는바, 법률 차원에서 ESG를 종합적이고 체계적으로 다뤘다는 점에서 큰 의미가 있다. 22대 국회에서 이와 맥락을 같이하는 법률안이 발의될 가능성이 높다.

환경 · 사회 · 지배구조 경영 기본법 구성	
항목	내용
1장	목적과 정의, 기본 원칙을 통해 국가 및 지방자치단체의 ESG 경영 촉진을 위한 책무
2장	ESG 기본 계획을 수립하는 내용으로서 10년 단위로 기본 계획을 수립하고 5년마다 재검토하는 한편 1년 단위로 실행 계획을 수립, 추진
3장	정부가 공급망 체계에서 발생할 수 있는 ESG 관련 위험 요소에 선제적으로 대응하기 위해 조기경보 시스템을 운영하고 국가 간 협력 진행
4장	ESG 평가 결과를 공시토록 하는 한편 ESG 경영에 자발적으로 참여를 선언할 수 있는 기반을 조성하고 정부가 기업과 경영 협약을 체결
5장	협약 체결 기업에 대한 각종 지원, 대기업과 중소기업 간 ESG 협력 촉진, 위장 ESG 조사 및 공표, 중소기업과 벤처기업 지원
6장	전문 인력 양성, 통계 사업 우수 기업 선정, ESG 경영진흥센터 지정 등 ESG 경영 촉진을 위한 기반 구축
7장	경영 포상

비록 국회 통과로 이어지지 않았지만, 이 법안은 ESG 경영에 충실한 기업이 시장에서 선택받고 원활하게 자금을 조달토록 설계된 가운데 국내 기업 경쟁력 강화의 계기로 삼을 수 있는 내용이 담겼다. 나아가 기업을 넘어 국가 차원의 비전, 체계적 전략 수립을 위한 법적 기반이 되는 것을 핵심 목표로 삼았다. 전문가들은 21대에 이어 22대 국회에서도 이와 동일한 맥락의 입법 흐름이 지속될 것으로 전망한다.

ESG 기본법 제정 찬성론자들은 ESG 정책이 사회 공동에 구성원 모두를 이해관계자로 설정하고 경제와 산업 시스템의 전반적인 사항을 다뤄야 하므로 개별법보다는 종합적인 성격의 기본법 제정 방식으로 접근할 필요성이 제기되는 시점임을 강조한다. ESG 추진을 위한 체계를 갖추고 관련 생태계를 조성한 가운데 이를 실행하는 기업을 적극 지원함으로써 산업 경쟁력 증대가 가능해진다는 것이 핵심 논리이다.

국내 대기업의 상당수는 ESG 경영과 관련된 글로벌 규제에 대한 체계적인 대비가 어느 정도 진행된 상황이지만 중견 및 중소기업의 경우 대응 방안 마련이 미흡한 실정이다. 따라서 대기업부터 중소기업까지 다양한 경제적, 사회적 주체들이 ESG를 내재화함으로써 경쟁력을 갖추고 지속 가능한 발전을 도모하기 위해서는 국가 차원의 법률적 근거와 체계 마련이 긴요하다. 이를 구체화하는 방안으로 제시한 것이 ESG 기본법인 것이다.

ESG 입법에 적극성을 보이는 측에서는 환경, 사회, 지배구조에 대한 각종 기준과 원칙이 EU와 미국을 중심으로 진행되는 추세에서 우리가 도태되지 않고 주도권을 쥐려면 서둘러 법제화를 이뤄야 한다는 논리를 내놓고 있다. 핵심 논리는 "ESG는 장기적인 과제로서 5년 단임제의 대통령제 권력구조하에서는 장기적인 계획 수립이 어려우므로 이를 법적으로 접근해야 된다."라는 것이다.

이들은 기존의 '지속 가능 발전 기본법', '탄소중립 녹색성장 기본법'이 국가 차원의 지속 가능한 성장을 다루고 있지만 국가의 책무에만 중점을 두기에 민간 차원의 ESG 특성을 반영하지 못한다는 차원에서 기본법 제정의 필요성을 강조한다. 국가 책무와 민간의 책무가 균형을 이루고 장기적인 측면에서 정책과 적용이 현실화하려면 기본법이 전제되어야 한다는 것이다.

미국의 공화당과 민주당은 ESG 관련 법률을 놓고 극한의 대립을 이어 가고 있으나, 우리나라는 정치권의 보수와 진보 간에 아직 드러날 정도의 갈등 양상을 보이지는 않는다. 보수 진영에서는 ESG에 대해 비교적 소극적인 입장이며 진보 진영에서는 정치 어젠다로 삼아 지속적으로 관련 입법에 매진하는 중이다. 다만 보수 진영에서도 21대 국회 당시 조해진 의원이 'ESG 기본법'[29]을 발의했던 것처럼 진영 논리를 떠나 여야 공히 관심을 두고 있음은 분명하다.

이원욱 의원이 21대 국회에서 법률 초안을 만든 것은 ESG의 촉진에 방점이 찍혀 있고 법률적으로 지원한다는 취지는 분명하며

---

29) 법안의 정식 명칭은 '기업 등의 지속 가능한 지원을 위한 환경·사회·거버넌스 기본법안'이다.

규제라는 단어조차 경계하는 상황인바, 보수 진영의 의원들도 이에 대한 관심을 두고 법안 발의 같은 대응 방안 마련이 긴요하다. 적시성을 가진 입법이야말로 경제와 산업의 진흥에서 필요한 조치이기 때문이다.

다만, 우리 정치권의 보수 진영에서는 '한국판 지속 가능 금융 액션 플랜 및 로드맵' 수립에는 긍정적인 견해를 견지하되 ESG 기본법과 관련하여 "ESG 경영 의무화가 새로운 규제로서 작용할 우려가 든다."라는 반응과 함께 대안으로서 기업이 자율적으로 대응할 수 있도록 지원하는 정책에 중점을 두는 것을 제시하였다. ESG 취지에는 진보 진영과 마찬가지로 동의하지만, 법률에 기반한 타율이 아닌 시장 논리에 따른 자율을 강조한다는 점에서 견해 차이를 보인다.

22대 국회 개원 이후 입법부 내의 ESG 관련 법제화 노력은 지속되는 상황이다. ESG 생태계 구축을 위한 법률과 제도를 논의할 '국회 ESG 포럼'이 2024년 10월 발족하였다. 여기에는 40여 명의 여야 국회의원이 동참하여 ESG와 관련된 선순환 생태계의 조성, 입법 및 정책과제 발굴, 대국민 인식 제고 및 실천 캠페인 전개 등의 활동을 벌여나갈 계획이다. 특정 정당과 노선을 떠나 여야의 통합적 정책과 아이디어를 모으는 입법부 내 기반이 될 것으로 보인다.

우리 경제의 활력 제고와 국제적인 기준 부응이라는 측면에서 정치권에서는 정치적 논리를 배제하고 기업을 돕는다는 차원으로 관련 입법을 해야 하며 기업과 경제계의 입장과 여론을 담는 노력이 병행되어야 하는 것이 기본이다. 입법부가 국가 차원에서 법제화를 추진하고 정부가 정책으로 집행한다고 해도 결국 이를 수용, 실천으로 옮기는 당사자는 기업이기 때문이다.

제3부

ESG 경영 생태계

1장

ESG 경영 추세와 대응

1절. 국내외 추세

ESG는 재무적 측면 외에 기업의 수익 창출 및 생존 지속에 직접적인 영향을 끼칠 수 있는 환경, 사회, 지배구조 같은 비재무적 측면을 강조한다. 경영의 핵심 과제이자 영역인 경제적, 재무적 활동이 해당 기업의 온실가스 배출, 아동 노동력 착취, 오너 리스크, 반사회적 행위 등으로 연결될 때 외부의 인식과 평가에 따라 직접적인 악영향을 받을 수 있기 때문이다.

기업들은 글로벌 차원에서 ESG 규제가 강화됨에 따라 환경, 사회, 지배구조 요소에서 발생하는 위험이 재무적 리스크로 이어지는 것을 체감 중이다. 이 때문에 경제계와 산업계에서는 ESG에 대한 전망과 분석, 적시적인 대응을 중시하고 있다. 기업이 직면하는 ESG의 리스크는 더 이상 전담 부서만의 업무가 아니기 때문에 모든 부서의 참여와 협업이 요구되며 특히 운영의 권한을 가진 경영진의 관심과 열의가 중요하다.

ESG의 가치를 구현하는 경영은 친환경 지향, 사회적 가치 창출,

윤리적 운영을 통해 지속 가능성의 길을 찾는 것이다. 최근 기후 위기의 심각성이 현실화하면서 경제활동의 주체인 기업의 사회적 책임 문제가 대두되었고 결과적으로 ESG는 기업 평가의 핵심 지표이자 외부 투자자와 소비자의 선택에서 우선 살펴보는 기준으로 자리하였다. 이는 경제와 산업의 패러다임이 확연하게 바뀐 것을 의미하며 이전의 경영 개념에서 탈피해야 함을 시사하는 것이다.

이러한 흐름의 성격을 가진 경영은 기업이 이윤 추구 과정에서 잘못된 관행과 비윤리적인 운영으로 인해 생존과 성장, 발전을 기약할 수 없는 위기 상황에서 벗어나려는 목적에 따라 등장하였다. 이는 단기적인 이익이냐, 장기적인 생존이냐에 있어 균형을 찾기 위한 지혜로서 이익과 생존이라는 두 마리 토끼를 한꺼번에 잡으려는 노력이기도 하다.

ESG 도입과 이행이 기업으로서는 현실적으로 부담이 되고 실익이 없을 수도 있지만 장기적인 관점에서는 보상 차원의 성과물로 돌아온다. 새로운 가치가 글로벌 표준으로 자리하고 경제 질서 역시 이에 맞춰 재편되는 상황에서 환경과 사회, 지배구조를 경영에 도입하는 것은 결국 기업의 자의적인 선택이 아닌 불가피한 선택이지만 결과적으로는 현명한 선택으로 평가받을 것이다.

국가는 물론 기업도 단기간 내 이익의 극대화 및 장기적 성장을 놓고 가용한 자원을 합리적이고 순리적으로 배분하기 위해 노력한다. 당장의 이익만을 염두에 두고 다가올 미래를 도외시하는 것도 잘못이지만 미래에만 매달려 현재의 문제를 외면하는 것 역시 잘못된 선택이다. 이 때문에 개발과 보존, 현재와 미래 간의 갈등과 모순을 극복하기 위해 도입된 것이 지속 가능한 발전 개념이며 경영 측면에서의 ESG 가치이다.

이제 글로벌 차원으로 눈을 돌려본다면, 주도 세력이라 할 수 있는 EU의 발 빠른 움직임이 눈에 들어온다. ESG에 대한 의지가 전 세계 어느 지역보다도 강하고 이를 국제무역 생태계에서 자신들을 지키는 방어막으로 활용하려는 EU는 '녹색 관세장벽'으로 불리는 탄소 국경조정 제도CBAM를 도입한 상황으로 유럽의 산업 경쟁력 강화에 목적을 둔다. 따라서 트럼프의 미국 정부는 바이든 시절과 달리 EU의 ESG 정책에 의구심을 갖는다.

이 제도는 2026년부터 본격적으로 실시될 예정으로서 상대방 거래 국가에는 새로운 무역장벽으로 작용할 것으로 예측된다. 그 내용은 탄소배출 비용이 유럽보다 저렴한 국가가 제품을 유럽으로 수출할 경우 수입업자는 양 지역 간 차액이 발생하는 탄소배출 비용에 해당하는 규모의 인증서를 구매토록 강제하는 것이다. 강력한 환경 관련 규정에 따라 탄소배출에 드는 비용이 상대적으로 높은 유럽 국가로서는 이 제도를 통해 시장을 보호하고 무역 적자를 해소하려는 의도가 담겨 있다.

ESG의 핵심 요소 가운데 첫 번째로 등장하는 환경은 당장에 기업의 의무이자 과제로서 자리하며 지속 가능성의 관건이 되었다. 2050년까지 이산화탄소 배출량을 '0'으로 만드는, 이른바 '탄소중립'을 선언한 전 세계 국가는 이미 150개국을 넘었으며 글로벌 차원에서 체결된 환경 관련 협약은 170여 개에 이른다.[30] 물론 관련 협약 탈퇴를 공언한 미국의 행보가 향후 변수로 작용할 가능성이 높고 미래를 예측하기 어려운 상황으로 몰고 갈 개연성이 존재한다.

산업의 수요에 따라 심각한 수준의 환경오염이 지속되면서 인류의 생존이 위협받는 상황이 전개되자 환경파괴에 대한 우려가 커졌고 결국 전 세계 국가가 한데 힘을 모으기 시작한 가운데 소비자들도 환경에 대한 관심을 기울이고 있다. 이왕 소비한다면 '에코', '그린' 등의 수식어가 달린 친환경 제품을 선택하는 것이 대세가 된 것이다. 따라서 ESG 가치를 거론하지 않더라도 기업으로서는 환경에 대한 노력을 결코 게을리할 수 없다.

미국의 아웃도어 브랜드로서 친환경의 대명사로 알려진 파타고니아Patagonia는 매년 매출액의 1%를 '지구에 내는 세금' 명목으로 삼아 환경단체에 기부하고 있으며 오로지 친환경 원료만을 고집함으로써 ESG 경영의 모범 사례로 꼽힌다. 탄소배출과 각종 자원의 사용을 줄이기 위해 심지어는 매출액 감소까지도 감수하는 파타고니아의 경영 방침은 결국 기업의 이미지 제고로 이어지고 브랜드 가치의 지속적인 상승을 가져왔다.

현대사회에서 의식주의 한 부분을 차지하는 패션은 경제적인 측면뿐만 아니라 문화적인 측면의 요소로서 중시되고 있다. 그러나 연도별, 계절별로 막대한 양의 의류가 생산, 폐기됨으로써 환경 문

---

30) KDI 경제교육·정보센터, '지속 가능한 성장을 위한 기업의 노력, ESG 경영', 2021. 7.

제를 야기하는바, 패션산업이 차지하는 전 세계 온실가스 배출 비중은 약 10% 수준에 달한다. 전문가들은 이 수치가 물류의 핵심인 항공산업과 해운산업을 합친 온실가스 배출량보다 더 높다는 수치를 내놓고 있다. 파타고니아는 이러한 문제를 해결하기 위해 지속 가능한 패션 브랜드로서 ESG 경영에 주안점을 두는 것이다.

글로벌 소비재 기업인 유니레버Unilever는 "ESG 경영의 교과서"라는 평가를 받는바, '지속 가능한 삶의 일상화'라는 명확한 목표를 갖고 "지구를 더 건강하게", "쓰레기 없는 세상", "형평성, 다양성, 포용성" 등의 구체적인 실천 분야를 선정하였다. 이 회사가 대외적으로 공약한 환경 관련 조치로는 5만 6천여 개에 달하는 공급업자와의 협력을 통해 2030년까지 온실가스 감축량을 2010년 대비 50% 감축하는 것이 대표적이다. 사회적 요소의 조치로는 인종 평등 프레임워크 개발, 직원의 5%를 장애인으로 고용, 소외 계층이 소유 및 관리하는 공급업체와의 거래 등이 있다.

이에 따라 2024년을 기준으로 유니레버는 핵심 원자재 공급망의 97.5%를 산림 벌채가 없는 지역 및 업체로 구축해 놓았다. 아울러 구성원의 다양성, 형평성, 포용성이 충족되는 기업으로 평가를 받게 되었다. 이 업체 최고경영자의 "지속 가능성은 유니레버를 세계 일류기업으로 만들어 주는 유일하고 타협할 수 없는 전략이자 목표이며 경영의 원칙이다."라는 지론이 경영에서 구체화한 결과이다.

글로벌 차원에서 기후변화 대응이 본격화하는 가운데 해외 대기업들은 환경을 중심으로 ESG 경영의 강화 추세를 보이고 있으나 국내 상황을 보면 환경 측면에서 후퇴의 모습을 보인다. 대표적인 것이 '녹색기업 지정 제도'이다. 이 제도는 환경부가 오염물질 배출을 크게 줄이거나 자원과 에너지 절감 등 제품의 친환경성을 높인 기업을 선정하여 인센티브를 주는 것으로 1995년 도입된 '환경친화 기업 지정 제도'에서 기인한다.

녹색기업으로 지정되면 이미지 제고와 함께 사업장 환경 개선을 위한 자금 및 기술을 지원받고 폐수나 대기오염물질 배출 현황을 허가제가 아닌 신고제 방식으로의 처리가 가능해진다. 그러나 일부 대기업은 이 제도의 지정과 유지 과정에서 제출 서류가 많은 데다 혜택이 크지 않다는 판단에 오히려 악용하는 경우가 있다. 녹색기업 지정 이후 환경에 무신경한 기업의 행태가 제도 운용의 문제점으로 지적되는 상황이다.

다행히도 다수의 기업은 ESG 도입을 계기로 체질 개선과 지속가능성 확보를 위한 구체적인 노력을 기울이는 중이다. 무엇보다 ESG 경영 생태계 구축의 마중물 역할을 해왔던 ESG 금융이 국민연금 같은 공적 기관에 의해 활발하게 전개되면서 긍정적인 흐름을 만들어 내고 있다.

ESG에 대한 국민연금의 책임투자 규모가 급증하면서 민간 금융과 대기업의 참여까지 유도하고 결국 이것이 선순환의 모습으로 나타나면서 중견기업과 중소기업의 지속 가능한 경쟁력 확보로 이어지는 추세를 보인다. ESG가 아니더라도 지구촌 내의 환경을 생각하고 인간을 중시하며 공정을 추구하는 것은 국내외 모든 기업이 염두에 둬야 할 개념으로 자리 잡아야 된다.

근래 국제정치의 변화 추세를 볼 때 미국에서는 ESG 관련 정책의 후퇴를 가져올 가능성이 높아지는 가운데 상반된 입장인 EU의 경우 관련 규제가 오히려 고도화, 세분화, 다양화되는 중이다. 이 틈을 파고드는 중국은 더욱 강화된 ESG 정책을 펼치면서 주도권 확보를 노리는 것이 오늘의 현실이다. 경제와 산업의 패러다임 전환 과정에서 ESG 찬반론자 가운데 누가 최종 승자가 될 것인지는 예측하기 어렵지만 기업은 상시로 관련 흐름을 예의주시하면서 생존과 발전의 해법을 찾는 노력을 아끼지 않아야 할 것이다.

2절. 기업의 대응

국내 주요 기업은 금융위원회의 '자산 규모 2조 원 이상 코스피 상장사의 ESG 공시 의무' 공표에 따라 당장에 구체적인 이행으로 들어간 상황이다. 아울러 공급망 차원에서 연결된 중견기업과 중소기업도 남의 일이 아니라 동참해야 하는 것이 현실로 다가온 시점에 놓였으며 당위성이나 필요성에 앞서 "보여주기라도 좋으니, 우선은 참여해야 한다."라는 인식을 하고 있다.

이를 반영하듯이 주요 대기업 간에는 "누가 ESG 경영을 잘하느냐?"를 놓고 보이지 않는 경쟁도 벌어지는 상황이다. 대기업들은 홍보 라인을 적극 활용하여 자사의 ESG 관련 행보를 수시로 언론에 노출하고 경영보고서 작성에 총력을 기울이고 있는바, 이는 해당 기업의 브랜드와 신인도에 영향을 미치며 국내외 투자자의 판단에서도 중요한 요인으로 작용 중이다.

삼성, 현대차, SK, LG 등 국내 주요 그룹은 경쟁적으로 ESG 경영을 진행하면서 글로벌 스탠더드에 부합되도록 조직과 인력 등 시스템을 구축하였다. 또한 계열사와 협력사를 상대로 ESG 문화가 전파, 이행, 심화하도록 교육과 자문은 물론 금융 지원 등의 조치에 돌입한 상황이다. 실제로 사업 파트너인 협력사와의 동행이 결과 도출에서 중요한 부분을 차지하기 때문이다.

재계 1위인 삼성그룹의 경우, 이재용 회장의 국정농단 관련 사법 처리 사건을 계기로 독립적 성격의 준법위원회를 통해 그룹 리스크를 관리함으로써 ESG 경영의 지배구조 요소에 적극 대응하고 있다. 또한 삼성전자 회사 내에 상생협력센터를 설치하고 협력업체들을 대상으로 ESG 경영 교육도 실시하는가 하면 그룹 계열사 대다수에 ESG 위원회를 구성해 놓았다. 2018년 국내 기업 가운데 최초로 해외사업장의 인권 리스크 관리를 위해 인권 디렉터를 임명함으로써 인권 경영의 서막을 연 것도 큰 의미가 있다.

제조업 기반의 현대자동차그룹은 현대자동차와 기아가 1차부터 4차까지 약 5천 개의 협력사를 두고 있는바, 우선 1차 협력사를 대상으로 ESG 개념이 담긴 표준계약서를 통해 거래를 진행키로 하였다. 계약서에는 재생 에너지 사용 비율, 노동력의 다양성, 지역 주민 권리 보호, 구체적인 온실가스 감축 목표 등이 포함된다. 이는 향후 관련 업계의 기준이자 표준으로 작용할 가능성이 대단히 높으며 협력사의 조치가 계약서 내용에 부합되지 못하면 향후에 현대자동차그룹과는 거래가 불가능하다는 것을 시사한다.

SK그룹 같은 경우 "모든 이해관계자의 지속 가능한 행복 창출"을 모토로 삼아 윤리 투명 경영, 고객 중심 경영, 인재 경영, 동반 성장, 환경 경영, 지역 사회 경영 등 6개의 카테고리로 ESG 경영을 추진 중이다. ESG 개념이 국내에 도입되기 이전인 2012년부터 지속 가능 보고서를 발간하기 시작하여 '근본적 변화 전략'을 수립함으로써 지속 가능 경영에 나섰고 근래에는 탄소중립 성장에 방점을 찍으며 그룹 전체를 대상으로 내재화에 몰입하는 상황이다.

전통적으로 인화人和를 중시해 온 LG그룹은 2023년 주요 계열사의 ESG 관련 정보를 담은 IT 플랫폼 'LG ESG 인텔리전스'를 구축하고 ESG 데이터 현황 및 변동 추이에 대해 정확하고 투명하게 대외에 공개하는 작업을 완료했다. 아울러 'LG 넷제로 특별보고서' 발간과 함께 탄소중립 목표를 구체화해 고객과 주주, 임직원 등 다양한 이해관계자의 의사 결정을 지원하는 중이다. ESG 공시와 관련해서는 "국제 기준의 선제적 도입이 경쟁력"이라는 판단하에 2023년 성과부터 공개 보고서에 적용하기 시작하였다.

방산과 조선 등 중후장대重厚長大의 제조업 특성상 안전 문제에 신경을 집중해야 하는 한화그룹의 경우, 김승연 회장이 ESG의 사회적 요소인 산업안전을 특히 강조하는데, "안전은 타협할 수 없는 가치이다. 누군가의 희생 위에 세워진 성공은 성공이 아니다. 우리 직원들은 안전하고 건강한 환경에서 일할 권리가 있다."라는 것이 그의 경영 철학이다. 아울러 지배구조와 관련하여 구성원들에게 "우리 스스로 윤리의식과 준법 문화를 더욱 엄격하게 갖춰야 한다."[31]라고 당부한 바 있다.

ESG 경영의 추세는 대기업은 물론 중견기업이나 공급망으로 연결된 중소기업에도 적용과 이행을 요구하고 있다. 이 가운데 중소기업은 당사자로서 참여하기에는 당장에 현실적인 어려움이 존재한다. 이는 경제단체나 언론이 실시하는 각종 설문조사를 통해서도 나타나는 것으로서 아직은 업계와 업체의 ESG 개념에 대한 이해가 낮고 대기업의 행보를 따라가고 발을 맞추기에는 시간적으로도 한계를 갖는다.

중소기업이나 벤처업체로서는 낮은 매출, 영세성 등으로 인해 경영 과정에서 환경과 사회적 상황에 대한 기여까지 고려할 입장이 절대 못 되는 것이다. 그럼에도 협력사로서 공급망의 상위에 있는 기업의 요구를 거부하면서 거래를 중단할 수도 없다. 당장에 여력이 없고 경영이 어렵다고 ESG 추세를 회피 내지 외면하는 것은 존립의 포기와도 같은 것이 오늘의 현실이다.

ESG에 선제적으로 대응하는 중소기업은 향후 산업의 밸류 체인 안에서 시장 진출 및 안착의 기회를 잡고 성장을 기약할 수 있으

---

31) 2024년 한화그룹 창립 72주년 기념사에서 발췌하였다.

나 그렇지 못할 때 도태될 수밖에 없다. 대기업 또는 중견기업의 파트너로서 인정받으려면 ESG는 이제 선택이 아닌 필수이다. 현대 자동차그룹의 사례에서 보이듯이 공급업체로서 ESG가 선행되지 않는다면 계약 자체를 할 수 없는 시대가 된 것이다.

물론 대기업이 ESG와 관련하여 협력업체에 대해 일방적인 요구만을 하는 것은 아니다. 앞의 설명처럼 주요 대기업은 중소기업이 동반자로서 충분한 자생력을 갖도록 펀드 조성, 교육 및 훈련 기회 제공, 컨설팅 등 다양한 지원 방안을 마련하고 이를 시행 중이다. 협력관계인 중소기업의 ESG 경영을 통한 글로벌 기준 부합과 자생력 확보가 결국에는 건전한 동반 관계를 통한 대기업의 경쟁력으로 작용하기 때문이다.

이러한 상황에서 중소기업으로서는 정부기관이나 경제단체의 지원을 받는 방안도 모색할 필요가 있다. 다행히도 산업통상자원부, 중소벤처기업부, 환경부, 동반성장 위원회, 중소기업중앙회, 기술신용보증기금, 지자체 등이 중소기업의 ESG 경영을 위해 다양한 지원사업을 진행 중이다.

산업통상자원부의 지원사업을 예로 들면 '탄소중립 선도 플랜트 구축 지원사업', '녹색 혁신 금융사업', '신재생에너지 금융 지원사업' 등이 있다. 기술신용보증기금은 중소기업 및 벤처기업의 미래 경쟁력 강화 차원에서 'ESG 컨설팅 지원사업'을 전개하고 있다. 중소기업이 주요 회원사인 중소기업중앙회는 '업종별 중소기업 협동조합 맞춤형 ESG 지원사업'을 통해 공모를 거쳐 선정된 조합과 기업이 자체적으로 ESG 경영의 추진과 이행은 물론 최종적으로 'ESG 보고서' 작성까지 가능하도록 매년 컨설팅을 진행하고 있다.

따라서 의지와 자세를 갖췄다면 중소기업이 ESG 경영을 추진하고 이행할 수 있는 여건과 환경은 충분히 조성된 상태이다. 거래 관계인 대기업뿐만 아니라 정부 및 관련 단체까지 나서서 생태계 구축 및 참여를 적극적으로 지원하는 만큼 이제는 중소기업이 조직과 인력, 시간 등을 핑계로 삼으면서 ESG를 도외시할 수 없다. 생존과 발전의 계기로 삼는 지혜가 필요한 시점이다.

ESG에 대한 자체적인 인식과 함께 실질적인 이행은 중소기업의 미래 경쟁력을 좌우하는 요인이 될 것이다. 이는 거래 관계인 대기업의 ESG 경영을 완성하는 배경으로서도 매우 중요하며 그 결과는 다시금 중소기업으로 환류된다. 도입과 이행 과정을 통해 시대의 변화에 적응하는 내부 시스템을 만들고 직원들의 능력을 키울 수만 있다면 투입 대비 산출 효과는 결코 적지 않을 것이다.

기업뿐만 아니라 공기업, 준정부기관, 기타 공공기관, 지방공기업 등의 공공성을 가진 조직도 ESG 가치의 추구와 무관할 수 없기에 관련 경영에 나서고 있다. 대상자의 다수는 ESG 경영 도입을 공식적으로 선언하고 전사적으로 추진 전략을 수립, 이행 중이지만 아직도 '지속 가능 경영보고서' 또는 'ESG 경영보고서'를 발간하지 않는 경우도 곳곳에서 발견된다.

국내외 정세와 경제의 불확실성에도 불구하고 환경 중시, 사회적 책임 구현, 투명성 강화를 지향하는 기조는 지속될 것으로 예견되는 가운데 국내 공공기관과 공기업은 정부의 '2030 온실가스 감축 목표'를 달성하면서 지역경제 활성화, 안전한 근무 환경을 구현하기 위한 노력을 이어 가야 하는 상황이다. 이를 구체적으로 이행하는 개념이자 방식으로 ESG 경영이 채택되고 있다.

정부는 공공성을 가진 기관이나 단체의 경우 공적 투자에 의해 만들어졌으므로 국민의 수요와 여망에 부합되는 사회적 기여 가능성을 중점적으로 들여다본다. 그 때문에 공기업과 공기관에 대해 업무체계 확립, 조직문화 정립은 물론 공익 추구의 특성에 맞는 ESG 가치를 준수할 것을 요구한다.

공기업은 개별 법령에 따라 공익을 추구함과 동시에 상법에 의거, 영리를 목적으로 삼는 이중적 지위를 갖는다. 따라서 공기업의 ESG 경영은 공익과 함께 효율성의 균형을 요구받는다. 이와 관련하여 전문가들은 공기업에 대해 "목적에 충실한 경영, 실적 고려 및 주주 보호 강화, 단순한 자선활동 지양, 사업 모델 개선 등이 필요하다."라는 의견을 제시하면서 ESG 가치를 염두에 둘 것을 조언하고 있다.

물론 공공기관은 성격이 조금 다르다. 환경공단, 교통안전공단, 건강보험공단 같은 경우 영리활동이 아닌 위탁형 집행형 준정부기관[32]으로서 공익을 우선시한다. 이런 기관도 나름의 ESG 경영을

---

32) 정부 부처로부터 지원받는 출연금 등 예산자원을 기반으로 삼고 공적 성격의 사업을 위탁받아 집행하는 기관이다.

추진하고 있는바, 공공성에 초점을 두고 환경이나 사회 부분을 중심으로 정부의 요구에 맞춰나가는 중이다.

2장

ESG 경영 관련 자문과 교육

1절. 경영 자문

ESG는 기업이 환경, 사회, 지배구조의 3대 핵심 요소를 제대로 이행함으로써 지속 가능한 발전을 추구하는 개념으로서 모든 과정은 위기를 기회로 바꾸는 리스크 관리로 해석할 수 있다. 그럼에도 기업이 외부의 조력 없이 자체적으로 ESG 경영을 영위하는 것은 결코 쉽지 않다. 이런 상황에서 외부 전문가의 참여와 지원은 필수적이다.

특히 일부 대기업을 제외한 중견, 중소기업은 인력과 조직, 자금력의 부족 문제와 낮은 이해도 등으로 인해 ESG 도입과 이행에서 큰 진전을 이루지 못하고 있다. 그럼에도 아무런 대비가 없을 때 대기업과의 거래 관계에서 불이익을 당하거나 상황에 따라 소송에 휘말리고 자칫 패소라도 한다면 막대한 금전적 손실을 볼 가능성이 상존한다. 그래서 해당 기업으로서는 외부의 도움을 받아서라도 사전 대비가 요구된다.

ESG 경영에 필요한 자문, 즉 컨설팅이란 기업이 경제의 흐름에 맞춰 지속 가능한 방식으로 운영될 수 있도록 외부의 조력자로서 역할을 제공해 주는 서비스이다. 구체적으로는 ESG 전략의 유관 분야인 경영 및 사업화 전략 수립 지원이 기본이며 투자와 금융, 기후변화, 환경 경영, 상생 경영 등을 진단하고 이에 대한 대응 및 해결책을 제시하는 것이다.

일반적으로 컨설팅사들은 ESG와 관련된 컨설팅을 진행하면서 의뢰 기업의 역량, 실제적인 업무의 이행, 내재화 및 향후 방향 제시를 핵심 포인트로 삼는다. 컨설팅 과정은 우선 대내외적인 환경 분석으로서 기업의 요구 확인, 사전 평가, 국내외 ESG 기준 파악이 이뤄진다. 다음으로는 해당 기업 내부의 환경 분석과 중대성 평가가 진행된다. 그 후에 중장기 ESG 경영 전략 수립으로 넘어가는데 전략 체계 구축과 전략 과제 및 로드맵 제시가 핵심이다. 마지막으로는 ESG 내재화로서 ESG 체계 확립 및 중장기 관리 방안이 제시된다.

ESG 경영이 아직 산업계 및 경제계에서 성숙, 정착된 개념이 아닌 상황에서 대다수 기업은 내부적으로 관련 분야 경험치와 전문 인력이 태부족인 것이 현실이다. 그래서 외부 전문 기관이나 전문가의 조력이 절실한 만큼 관련 기관과 단체가 경영 자문 시장에 속속 진입 중이다.

실제로 도 단위 자동차 정비조합은 기업이 아니면서도 선제적으로 외부 전문가로부터 ESG 경영과 관련된 컨설팅을 받았다. 그 배경을 보면 해당 조합으로서는 상시로 손해보험사와 정비 요금을 놓고 갈등 내지 긴장 관계로 대응 방안 마련에 고심하던 상황에 직면했는바, 동반 관계 구축이 급선무였다. 그 때문에 조합은 자신들도 ESG 경영을 도입, 이행함으로써 적극적으로 손해보험사의 경영 방침에 부응하고 상생의 계기를 마련코자 했다.

해당 자동차 정비조합은 내연기관차에서 전기차로의 전환이 급속하게 진행되는 가운데 ESG 경영을 계기로 체질 개선과 함께 미래 방향성을 설정하고 운영의 내실화를 기하는 효과를 기대하고 있다. 이처럼 경제 생태계의 곳곳에서 ESG를 추진하는 상황으로서 관련 지식과 경험의 부족에 따라 전문가의 조력이 절실하게 요구되는 것이다.

ESG 경영은 해당 기업 내에서 계획과 시행, 완료 및 보고서 작성, 평가, 인증 및 공시 등의 순서로 진행되는 일련의 지난한 과정으로서 단계마다 전문가의 자문과 제3자 검증이 반드시 요구된다. 이와 관련하여 현재 주요 법무법인, 회계법인, 경제단체 등이 대응 조직을 만들어 자문 활동에 임하는 상황으로서 고객인 기업이 관련 법률에 위배되지 않고 회계 기준 등 가이드라인에 맞게 ESG를 완결할 수 있도록 돕고 있다.

법무법인, 즉 로펌은 ESG의 비재무적, 법률적 특성을 활용하여 관련 컨설팅을 수행하고 있다. 기존의 경영 패러다임의 변화와 함께 기업의 자발적 수요가 나타나는 만큼 변호사 업계의 블루오션이다. 아울러 향후 기업의 공시와 관련하여 제3자 인증과도 연계시킬 수 있는 분야이며 컨설팅을 계기로 삼아 향후 수임과도 직결된 만큼 국내에서 주요 법무법인이 다수 참여하는 중이다.

ESG의 요소와 적용 지표가 다양한 데다 비재무적 특성상 기업으로서는 관련 법률에 대한 해석과 이행 절차가 중요하다. 이 때문에 로펌들은 ESG 컨설팅과 관련하여 시장 선점을 위해 적극성을 보이며 전문 조직과 인력 편성에 나서고 있다. 국내 주요 로펌의 인터넷 홈페이지와 언론 보도 내용을 자료로 삼아 그 현황을 도표화해 보면 다음과 같다.

주요 로펌의 ESG 경영 컨설팅 현황(가나다순)	
로펌 명칭	자문 조직 및 내용
김앤장법률사무소	ESG 경영연구소와 ESG 그룹에서 규제 대응 솔루션, 리스크 점검 및 내부통제 시스템 구축, 이해관계자 관련 컨설팅 수행
법무법인 광장	ESG 지속 가능 연구원, ESG 센터를 개설하고 기업 대상의 리스크 관리와 M&A 등을 자문
법무법인 동인	환경 에너지팀과 중대재해팀이 중소기업 대상으로 ESG 환경, 사회 분야 법률 분쟁 자문 수행
법무법인 바른	ESG 대응팀을 개설하고 전문가 영입을 통해 기업을 상대로 ESG 컨설팅 업무 수행
법무법인 세종	ESG 센터를 운영하면서 ESG 공시 및 평가, 재무, 투자, 실사 등의 컨설팅 서비스를 제공
법무법인 원	ESG 대응 센터를 설립하고 대기업, 중소기업, 정부, 지자체, 공기업을 대상으로 ESG 관련 컨설팅 업무를 수행
법무법인 율촌	ESG 연구소 내 환경, 사회, 지배구조 파트를 통해 ESG 관련 컨설팅 서비스를 제공
법무법인 지평	ESG 센터 환경그룹, 사회그룹, 거버넌스그룹 및 통상 자문센터, 인권 경영팀 운영을 통해 ESG 컨설팅 제공
법무법인 화우	ESG 센터를 설립하고 ESG 관련 '경영 진단 및 컨설팅 플랫폼'을 구축
법무법인 태평양	ESG 센터를 설립했으며 한국능률협회 등과 ESG 종합 컨설팅을 협업 방식으로 진행

전통적으로 경영 컨설팅을 주요 업무로 삼아 왔던 경제단체와 전문업체도 ESG 컨설팅 사업에 진출하고 있다. 그간 축적해 놓은 경험치와 실적, 전문가 진용, 고객 등을 기반으로 삼아 기업의 현안인 ESG가 도입, 이행, 내재화의 과정까지 순조롭게 이어질 수 있도록 외부 조력자를 자임한 상태이다.

경영 컨설팅을 본업으로 삼아왔기에 아무래도 장기간에 걸쳐 고객인 기업의 생리와 입장을 잘 알기 때문에 경쟁력이 높다는 평가를 받는다. 각 경제단체와 전문업체의 홈페이지와 언론 보도 등을 참고로 하여 컨설팅 현황을 도표로 만들어 보면 다음과 같다.

주요 경제단체와 전문업체의 ESG 경영 컨설팅 현황(가나다순)	
단체 및 업체 명칭	ESG 경영 컨설팅 내용
기술신용보증기금	2023년부터 (재)한국사회투자에 운영을 맡기고 중소 벤처기업 대상의 'ESG 컨설팅 지원사업'을 전개
대한상공회의소	탄소 감축 인증센터를 운영 중이며, ESG 플랫폼 '으쓱'을 통해 회원사 대상으로 컨설팅 서비스를 제공
삼정KPMG	ESG 전담팀을 운영하면서 기업 대상의 ESG 운영 체계 구축을 위한 '원스톱 서비스'를 제공
중소기업진흥공단	중소벤처기업부와 공동으로 중소기업 및 소상공인 등 대상의 '탄소중립 ESG 진단 정책사업'을 진행
중소기업협동조합중앙회	중소기업 및 업종별 회원 조합을 대상으로 '맞춤형 ESG 지원사업'을 매년 시행
한국능률협회	ESG 센터를 설립하고 '지속 가능 경영 컨설팅 사업'을 진행 중이며 관련 세미나 및 설명회를 주기적으로 개최
한국생산성본부	2023년부터 중소기업과 중견기업 등을 대상으로 'ESG 컨설팅' 사업을 전개
한국표준협회	중소기업을 대상으로 'ESG 지원사업'을 진행하고 있으며 맞춤형 ESG 지표 개발, 역량 진단 등 서비스를 제공
한국 ESG 연구소	기업과 공공기관 등을 대상으로 ESG 의안 분석, 책임 투자 등과 관련된 컨설팅 서비스를 제공
NICE신용평가	ESG 사업실을 통해 채권, 펀드 관련 기업과 단체를 등을 대상으로 컨설팅을 수행

앞의 도표에는 표기되지 않았지만 다수의 단체와 업체가 ESG 경영과 관련된 컨설팅 사업을 벌이고 있는바, 이제는 산업별, 이슈별로 특화된 맞춤형 컨설팅이 등장하고 있으며 공공기관, 자치단체를 주요 대상으로 삼아 컨설팅을 진행하는 경우도 발견된다. 공공기관과 자치단체는 1차적인 ESG 경영의 주체는 아니지만 근래 들어 필요성이 제기되고 외부 평가의 요소로서 반영되는 추세이기 때문에 컨설팅을 받아 도입과 이행을 진행하는 중이다.

2절. 경영 교육

교육은 사람이 살아가는 데 필요한 지식이나 기술 등을 가르치고 배우는 활동인바, 인류의 역사에서 지속되어 왔다. 이른바 '교육을 통해 나라를 세운다.'라는 의미를 갖는 교육입국敎育立國의 정신이 오늘의 대한민국을 만든 배경이라고 해도 과언이 아니다. 자원과 국토 등의 한계를 가진 우리에게는 너무나도 중요한 개념이자 가치인 것이다.

산업사회에서 지식과 기술의 축적 및 발전 속도에 따라 이를 수용, 활용하는 것은 필수적인 행위로서 특히 경제 분야 종사자에게는 직업 생애 전 과정에 걸쳐 필히 수반되어야 할 덕목으로 인식되고 있다. 그 사례로서 몇 년 전까지만 해도 들어보지 못했던 ESG

개념이 이제는 국내에 도입된 이후 산업계와 기업들의 화두이자 현안으로 자리하였다. 아울러 이를 조직에 정착시키고 내재화할 필요성이 강조되는 시대로 진입하였다.

ESG 경영의 생태계가 조성되면서 활발해진 것이 교육 시장이다. 경제와 사회 영역에서 새로운 개념이 등장하면 반드시 수반되는 것이 교육으로서 특히 기업과 관련되면 시장이 만들어지고 단기간 내 확대 양상을 보이는 특성을 갖는다. 따라서 국내에서도 ESG를 둘러싸고 기업과 구성원 대상의 다양한 교육 프로그램이 나오는 상황이다.

우리 사회에서 교육 시장은 트렌드의 변화를 계기로 다양한 콘텐츠를 탄생시키며 도입, 시행, 성숙, 확장의 단계를 밟는다. 새로운 트렌드가 보이면 이에 수반하여 새로운 교육이 등장하는데, 이 가운데 경제계에서 주목받는 이슈는 ESG 경영이다. 전통적인 경영의 패러다임을 바꾼 것이기에 아직은 생소하고 보편화되지 않았다는 점에서 교육계에서는 신흥 시장으로 떠올랐다.

새로운 경영의 개념이 도입, 이행되려면 기업이나 공공기관으로서는 당장에 실무적으로 이를 진행할 인력이 필요하다. 또한 무엇보다 중요한 경영자의 인식과 함께 관련 지식 습득이 요구되는 만큼 ESG와 관련된 리더십 교육도 긴요한 것이 현실이다.

실제로 그간 각 대학교에서 진행해 왔던 최고경영자 과정이 과거에 비해 큰 주목을 받지 못하는 상황에서 ESG 최고경영자 과정은 기업 경영자의 새로운 선택지로서 자리를 잡아 가는 중이다. 글로벌 차원으로 진행되고 정부의 정책으로 채택된 경영이기 때문에 이해와 함께 변화 추이, 국내외 상황 등을 정확히 파악하는 것이 중요한 만큼, 각 대학도 경쟁력 강화 차원으로 새로운 과정과 교육 프로그램을 만들어 선보이고 있다.

국내 주요 대학도 기업과 마찬가지로 교육기관으로서 이행해야 할 자체적인 ESG 경영을 도입하고 환경, 사회, 지배구조 측면에서 교육의 새로운 방향성을 모색하는 중이다. 아울러 사회 각계를 대상으로 ESG의 도입과 확산을 촉진하기 위해 다양한 교육과정과 프로그램을 만드는 노력을 기울이고 있다. 각 대학의 ESG 교육과 정을 정리해 보면 다음과 같다.

각 대학의 대학원 ESG 교육과정(가나다순)	
대학명	ESG 교육과정
건국대학교	경영전문대학원에 'ESG 최고경영자 과정' 개설
경희대학교	테크노 경영대학원에 'ESG 경영 최고위 과정' 개설
고려대학교	경영전문대학원에 'ESG 최고위 과정' 개설
단국대학교	경영대학원에 'ESG 전공' 개설
서강대학교	메타버스 대학원에 'ESG 최고위 과정' 개설
서울대학교	환경대학원에 'ESG 전문가 과정' 개설
성균관대학교	경영전문대학원에 '지속 가능 ESG 경영' 과목 신설
세종대학교	대학원 경영학과에 'ESG 전공' 신설
숭실대학교	중소기업대학원 중소기업 혁신학과에서 'ESG 경영' 교육
연세대학교	환경금융대학원에서 '최고 지속 가능 책임자' 석사 과정 운영
중앙대학교	행정대학원에서 'ESG 전문 인력 양성 과정' 운영
한림대학원대학교	새로운 전공으로 'ESG 탄소 경영' 석사 과정 운영
한양대학교	경영전문대학원이 2021년 국내 최초로 'ESG 트랙'을 개설
KAIST	녹색성장 지속 가능 대학원 개설 및 'ESG 최고경영자 과정' 운영
UNIST	탄소중립 대학원을 통해 'ESG 관련 경영 및 정책' 등 교육

앞의 표에서 살펴본 것처럼 각 대학의 대학원에 개설된 ESG 최고위 과정은 기업의 경영자들이 주로 수강하는 것으로서 경영 개념에 대한 이해와 관련 업계나 단체 인사들과의 네트워크 확보 및 정보 교류 차원에서 높은 관심을 불러일으키고 있다. ESG의 핵심 요소 가운데 하나인 지배구조는 온전히 경영자의 몫인 데다 경영자는 기업의 내재화를 목표로 삼아 선도적인 역할을 이행해야 하는 만큼 필요한 교육과정인 것이다.

주요 대학원들이 ESG의 기업 경영진을 대상으로 전반적인 사항을 교육하는 데 비해, 환경을 주제로 특화해 전공을 개설한 대학원도 존재한다. 아주대학교 공학대학원은 융합 ESG 학과를 개설하고 공학 차원의 학제 간 협업을 통한 ESG 전문가를 양성 중이다. 한국개발연구원KDI의 국제정책대학원은 정책학 석사 과정에서 지역 개발 및 환경정책 과정 교육 시 지속 가능한 개발 정책의 새로운 화두인 기후변화 대응과 저탄소 녹색성장을 주요 과목으로 채택하고 있다.

한편, 경영자의 리더십 측면뿐만 아니라 ESG 경영을 담당할 실무 인력 양성이 경제 및 산업계에서 시급한 가운데 전국의 각 대학에서는 재학생이나 외부 수요자를 대상으로 관련 전공 또는 프로그램을 속속 개설하는 중이다. 이는 산학협동 차원에서 대단히 중요한 조치로서 '사회를 위해 상아탑에서 준비된 인재'를 양성하는 것이 대학의 역할임을 여실히 보여주는 사례이다.

각 대학의 학부 및 연구소 ESG 교육과정(가나다순)	
대학명	ESG 교육과정
경남대학교	HRD 사업단에서 'ESG 경영 시스템' 교육
경상국립대학교	지속 가능한 발전센터를 통해 'ESG 경영' 교육
국제사이버대학교	학부에 ESG 경영학과 개설
단국대학교	학부생 대상 'ESG 경영 전문과 과정' 운영
동국대학교	외부 신청자 대상으로 ESG 인플루언서 양성 과정 운영
서울여자대학교	ESG 인재 양성을 위한 '소셜 임팩트 스쿨' 개설
성결대학교	외국인 학생 대상으로 'ESG 전문가 과정' 운영
영산대학교	신청자 대상의 'ESG 컨설턴트 교육' 프로그램 운영
조선대학교	기후 위기 대응 융합인재 양성 사업단에서 ESG 아카데미 운영
폴리텍 창원 캠퍼스	재학생 대상으로 'ESG 경영 이해와 실천' 과목 개설
한동대학교	신청자 대상으로 'ESG 식품 경영 진흥 과정' 교육 시행
호서대학교	디지털팩토리 연구소를 통해 'ESG 평가 인증 전문가 과정' 운영

이외에도 인천대학교는 후기산업사회 연구소 주관으로 'ESG 로 컬 이노베이티브 인재 양성 전문가 과정'을 운영하면서 지역에서 활동 가능한 미래 ESG 인재를 키워내고 있다. 국제사이버대학은 ESG 경영학과를 신설하고 새로운 경영의 흐름을 교육하는 중이다. 이처럼 국내 각 대학이 특화된 ESG 교육과정을 경쟁적으로 도입 중인바, 시대의 요구에 부응하는 모습으로 평가되고 있다.

ESG가 갖는 중요성을 감안, 공공기관 및 언론사도 우리나라의 경제 패러다임 전환에 일조하기 위해 관련 교육에 나서고 있다. 공공기관으로서는 교육을 통해 관련 분야 종사자의 의식 제고와 의식 개혁, 새로운 전문직 일자리 창출이 가능한 것이며, 언론사는 경제 추세에 맞는 교육이 새로운 사업 분야로서 유망하기 때문이다.

공공기관과 언론사의 ESG 교육과정(가나다순)	
공공기관 및 언론사 명칭	ESG 교육과정
경기복지재단	경기 지역 사회복지시설 종사자 대상으로 '사회복지 ESG 교육' 프로그램 운영
경기도 경제과학진흥원	경기도 관내 벤처기업을 대상으로 '환경, 사회, 투명 경영' 제하의 ESG 교육
국가과학기술인력개발원	과학기술 관련 공공기관 종사자 대상으로 온라인 방식의 '환경과 사회를 생각하는 ESG 혁명' 교육 프로그램을 운영
용산여성인력개발원	여성 전문인 일자리 창출 차원에서 국비 지원 형식으로 'ESG 교육 전문가' 과정을 운영
한국여성과학기술인육성재단	여성 과학자와 기술자를 대상으로 재교육 차원의 'ESG 기초 이해' 등 교육과정 운영
한국환경산업기술원	환경 책임 투자 종합 플랫폼을 기반으로 ESG 환경 관련 기초 및 종합과정 교육 프로그램 운영
매일경제신문	환경재단과 함께 각계 리더들을 대상으로 10주간의 'ESG 리더십' 과정을 공동 운영
한국경제신문	산하 환경 아카데미를 통해 'ESG 평가 대응 실무전문가 과정'을 운영

ESG 자문업을 수행하는 경제단체는 경영자나 실무자 대상의 교육도 마찬가지로 중요하다는 점에 착안, 관련 교육사업을 진행하고 있다. 기존의 경영 관련 교육에 대한 노하우가 축적된 데다 시스템과 강의진도 충실하게 구축, 확보된 생태로서 ESG 내재화를 최종 목표로 삼는 기업의 동반자를 자임하고 있다.

경제단체의 ESG 교육과정(가나다순)	
단체 명칭	ESG 교육과정
대한상공회의소	중소기업 회원사 대상으로 '찾아가는 ESG 교육'을 실시 중이며 산업통상자원부의 위탁을 받아 'ESG 아카데미' 교육 수행
동반성장위원회	연세대학교 상남교육원과 '동반성장 ESG 최고위 과정'을 운영 중이며 코웨이와도 협업으로 '동반성장 ESG 교육' 실시
사회교육중앙회	ESG 컨설턴트 양성 과정 운영
중소기업중앙회	온라인 방식으로 회원사 및 조합 대상의 '중소기업의 ESG 대응 전략' 교육
한국경제인협회	부설 국제경영원에서 2021년부터 'ESG 전문가 양성 과정'을 운영하면서 3천 명 이상의 수료생을 배출
한국능률협회	러닝센터를 통해 '사례로 보는 ESG 경영 전략', '지속가능 경영보고서 작성 실무' 등 교육 실시
한국사회적기업진흥원	사회적 기업 종사자를 대상으로 '사회적 경제와 ESG' 교육과정을 운영

경제단체의 ESG 교육과정(가나다순)	
단체 명칭	ESG 교육과정
한국생산성본부	ESG 아카데미를 통해 중소기업과 중견기업 대상으로 ESG 교육 프로그램 운영
한국식품산업협회	중소 식품기업 임직원 대상의 '식품산업 ESG 경영' 교육 프로그램 도입
한국표준협회	8주 과정의 'ESG 에센셜 최고위 과정'을 운영 중이며 인증본부를 통해 'ESG 경영 전문가 과정'도 개설
한국환경산업기술원	환경책임투자 종합 플랫폼을 기반으로 기초 과정부터 종합 과정까지의 교육을 시행
한국 ESG 경영지원협회	기초 과정은 물론 공급망 ESG 경영 수준 진단 과정까지 다양한 교육 프로그램 시행
한국 ESG 교육협회	ESG와 관련, 입문부터 지도사, 경영자, 맞춤형 등 7개의 과정을 운영
한국 ESG 위원회	기업 및 공공기관 대상의 ESG 교육과정을 운영하고 있으며 평가 전문 인력도 양성
한국 ESG 학회	ESG 전문가 교육과정 운영

3장

ESG 경영 관련 평가와 인증

1절. 경영 평가

국가신용등급을 매기는 것으로 우리에게 익숙한 무디스Moody's, 스텐다드 앤 푸어스S&P, 피치Fitch 등 세계 3대 신용평기 기관은 시장에서 95%를 점유하고 있지만 공공기관이 아닌 일반 기업이다. 전 세계의 경제 전반에 걸쳐 막대한 영향력을 행사하는 분야가 일반 기업, 민간인에 의해 좌우되는 것이다.

우리가 일상에서 수시로 접하는 언론을 놓고 사회적, 공적인 기능을 갖는다고 하여 '사회적 공기公器'라고 부른다. 그런데 정부 소유를 제외한 대다수 언론사의 소유 및 지배는 민간인의 수중에 있다. 그 대신에 사회 공동체는 언론이 사회로부터 부여받은 권한을 오남용하지 못하도록 통제장치를 마련해 놨다. 우리나라의 경우 흔히 '김영란법'이라고 불리는 '부정청탁금지법'의 적용 대상에 언론인이 포함된 것이 동일한 맥락이다.

신용평가기관, 언론사와 마찬가지로 ESG 경영과 관련된 평가기관 역시 민간인, 민간기업에 의해 이뤄진다. 공적 분야가 아닌 민간 분야를 중심으로 태동, 성장, 발전해 왔다. 자산운용사, 은행 등 금융기관이 거액의 투자 내지 대출과 관련하여 대상 기업의 ESG 정보를 전적으로 파악하고 완벽하게 분석하는 것은 실제로 극히 어려운 일이다. 이에 따라 금융기관으로서는 대상 기업과 관련된 ESG 정보나 평가 결과를 평가기관으로부터 구매하게 되었고 자연스럽게 평가 시장의 규모 확대, 평가기관의 역할 제고가 이뤄졌다.

ESG와 직결된 금융시장의 규모가 확대되고 기업에서 경영의 추세로 자리를 잡으면서 ESG 평가기관의 영향력이 점차로 높아지는 상황이다. 금융산업의 경우 주식과 채권 투자를 비롯해 은행과 보험업체의 대출금리 및 보험료율 산정 같은 ESG 정보의 활용이 중시되는 추세이며 산업 전반에 걸쳐 ESG 평가의 결과가 기업의 자금 조달에 직접적인 영향을 미치기 시작하였다.

시장에 나오는 제품이나 서비스는 태동기, 성장기, 성숙기, 쇠퇴기의 경로를 밟으며 발전과 성장, 소멸의 변화를 보인다. ESG 평가 시장은 현재 성장기의 단계에 와 있는 가운데 국내의 상황을 본다면 축적된 시간이 부족한 관계로 평가기관 자체적으로 아직은 내부의 통제 시스템과 외부의 감독 시스템이 완벽하게 구축, 정비되지 않는 상태이다.

그런데 시장의 수요와 이에 따른 영향력이 급작스럽게 증가하면서 ESG 평가와 관련된 우려와 비판 역시 증가하는 것이 현실이다. 평가 대상 기업으로서는 평가기관의 전문성 및 신뢰성 문제, 방법과 결과의 투명성 및 공정성 문제에 대해 아쉬움을 드러내는 상황이며 평가기관의 이해 상충도 문제로 거론된다.

ESG와 관련된 생태계에서 평가기관의 역할과 기능 정착, 평가 시장의 안정적이며 건전한 성장은 공시 의무화와 더불어 대단히 중요한 영역에 속한다. 기업의 정보가 대량으로 나오는 상황에서 이에 대한 정확한 분석과 판단이 이뤄지지 못하면 모든 정보는 무용지물이 된다. 그래서 평가기관은 ESG의 생태계에서 중요성이 더욱 높아지고 있다.

국내 경제계 일각에서는 "기업들이 제대로 된 평가를 받기가 대단히 어렵다."라는 반응을 보인다. 또한 "산업별 실정에 따른 가중치를 충분히 적용하지 않는다."라는 불만을 드러낸다. 특히 해외 평가기관에 대해서는 "우리나라의 법률과 제도 등을 도외시하기에 국가별로 각기 다른 실정이 반영되지 않는다."라면서 해당 기관의 시정을 요구하는 상황이다.

글로벌 수준의 ESG 평가사와 비교했을 때 국내 ESG 평가사는 아직은 걸음마 단계로서 상대적으로 규모와 네트워크의 한계, 실적과 데이터의 부족, 수익 구조의 미흡 등 수준을 벗어나지 못했다. 고객의 대다수가 국내 기업으로 한정되어 있고 평가사가 급속도로 증가하면서 자칫 레드오션의 상태로 악화할 가능성이 있다.

이런 상황을 우려한 우리 정부는 이미 선제적인 조처를 한 바 있다. 금융위원회는 2023년 'ESG 평가 시장의 투명성, 신뢰도 제고 방안' 및 'ESG 평가기관 가이던스'를 발표하였다. 주요 내용은 2025년부터 일정한 요건을 충족한 기관만 ESG 평가를 할 수 있는 등록제 시행, 평가기관의 내부통제 시스템 구축, 원천 데이터 수집 및 비공개 정보 관리, 평가 시스템 공개, 이해 상충 관리 등이다.

평가기관이 신고제가 아닌 등록제로 전환되면 평가 시장 진입 장벽은 높아질 수밖에 없다. 아울러 내부통제, 데이터 관리, 시스템 공개 등의 요소는 평가사의 투명성과 신뢰도에 긍정적인 영향을 미치게 되는 만큼 평가를 의뢰하는 고객 기업으로부터 긍정적인 반응이 나오고 있다.

현재 전 세계적으로 능력을 인정받으며 다국적 기업을 주요 고객으로 삼아 실적을 축적한 160개의 ESG 평가기관이 활동 중이다. 국내에서는 60여 개의 기관이 관련 업무를 수행하면서 시장 선점 경쟁을 벌이는 가운데 후발 평가기관의 합류가 지속적으로 증가 중인 추세이다. 새로운 평가 시장이 열리면서 미국과 유럽을 중심으로 각종 기관과 단체가 그간의 경제 및 경영 관련 평가 실적과 데이터를 바탕으로 ESG 평가 시장을 선도하는 가운데 자신들의 기준이 더 객관적이고 정확하다는 점을 부각하는 경쟁이 연출되고 있다.

국내에서 평가기관이 우후죽순식으로 나타나는 가운데 한국 ESG 기준원, 한국 ESG 연구소, 서스틴베스트가 현재 3대 ESG 평가기관으로 인정받는 상황으로서 후발 기관도 대열에서 위상을 확보키 위해 다양한 노력을 경주 중이다. ESG 평가 사업이 블루오션으로 인식됨에 따라 연관성을 가진 기관이나 단체도 업종 전환과 추가 차원에서 참여를 검토하는 상황으로서 표준협회, 능률협회 같은 공공성을 가진 기관의 동향도 주목받고 있다.

그동안 동정 업계의 치열한 경쟁 속에서 고객 기업 대상의 실적, 언론 노출 및 인용 등을 기반으로 삼아 ESG 평가 시장에서 일정 위상을 확보한 국내외 주요 평가사를 도표화해 보면 다음과 같다.

글로벌 주요 ESG 평가기관(알파벳순)				
기관 명칭	기관 성격	평가 방법	평가 항목	평가 척도
Bloomberg	미국의 디지털 기반 종합 금융그룹	공개 정보 기반으로 평가	평가 대상 기업의 폐기물, 에너지와 관련된 특정 데이터	100점 만점
CDP	탄소 정보공개 프로젝트의 약칭, 200년 영국에서 설립된 비영리단체	평가 대상 기업과의 질의 및 답변 기반으로 평가	기후변화와 산림, 물 등의 데이터	A등급 ~ F등급
DJSI	다우존스의 지속가능 경영 지수를 제공하는 평가기관	평가 대상 기업과의 질의 및 답변 기반으로 평가	공동항목, 산업별 항목을 구분하여 반영	100점 만점
EcoVadis	세계적인 지속 가능 평가기관으로서 대상 기업은 세계 180개국 13만 개	플랫폼을 활용, 평가 대상 기업의 제출 자료 기반으로 평가	평가 대상 기업에 대해 5가지 주제 질의	100점 만점
ISS	세계 최대의 의결권 자문기관, ESG에 대한 퀄리티 스코어를 부여	공개 정보 기반으로 평가	이사회, 주주 권리, 감사, 리스크 관리 등 총 4개 영역 230 항목	100점 만점
MSCI	세계 3대 투자은행인 모건스탠리 자회사로서 ESG 평가 서비스 제공	공개 정보 기반으로 평가	ESG와 관련된 36개 이슈	AAA ~ CCC
Sustainalytics	글로벌 책임투자 리서치업체	공개 정보 기반으로 평가	ESG의 주요 이슈	100점 만점

국내 3대 ESG 평가기관(가나다순)	
기관 명칭	연혁 및 특성
서스틴베스트	의결권 자문사로서 주요 연기금과 자산운용사 등 기관투자자의 의뢰를 받아 매년 상, 하반기에 상장 및 비상장 국내 기업 대상으로 ESG 평가를 실시
한국 ESG 기준원	ESG 평가 및 의결권 자문기관이자 공익 추구 기관이며 비영리사단법인으로 출범하면서 한국거래소를 비롯한 국내 자본시장 유관 기관이 사원으로 참여
한국 ESG 연구소	대신경제연구소를 모태로 삼은 대신 파이낸셜그룹 계열 자회사로서 2021년 설립된 ESG 평가기관인바, 국내 다수 기업을 대상으로 ESG 평가를 실시

이러한 평가 시장에서 전개되는 경쟁의 핵심은 "내가 더 유능한 심판이고 더 정확한 채점자"라는 것으로서 공정성 확보 및 인지도 제고가 사업의 관건이다. 평가 지표도 천차만별로서 현재 국제적으로 약 600개에 달하는 상황이다. ESG 평가는 앞부분에서 설명한 것처럼 민간에 의해 이뤄지는 것이기에 평가사 간 합의에 따른 지표의 통일은 불가능하다.

이에 따라 우리 정부는 기준점 제시가 필요하다는 판단을 내렸다. 이와 관련하여 산업통상자원부는 2021년 3월 'K-ESG 가이드라인'을 발표하였다. 가이드라인에서는 61개의 핵심적이고 공통된 지표가 제시되어 중견기업, 중소기업이 적용과 이행에서 활용할 수 있으며 이를 평가하는 평가사도 참고가 가능하다. 당시 정부는

"관의 개입이 아닌 안내 차원"임을 밝혔다.

ESG 경영 평가는 글로벌 이슈이지만 아직 확정된 표준이 부재하고 각자 지표를 만들어내면서 별도의 기준 아래 개별적으로 적용하는 상황이다. 그 때문에 평가기관이 군웅할거의 모습을 보이고 있기에 기업으로서는 선택의 고심을 하게 되는 처지다. 경제계에 "이류 기업은 제품과 하드웨어를 팔고, 일류 기업은 서비스와 소프트웨어를 팔지만, 초일류 기업은 표준을 판다."라는 말이 있다. 결국 시장에서 표준을 장악하는 자가 모든 것을 갖게 되니, 그 세계를 지배하는 전쟁 차원의 현 상황을 면밀히 관찰할 필요성이 대두된다.

현재로서는 각국의 ESG 경영 평가 기준 적용도 천차만별이다. 중국의 상황을 보면 글로벌 스탠더드는 따르되 '사회주의 시장경제' 체제답게 자기들만의 기준을 마련하고 적용 중이다. 그 사례로는 대체 방안 없이 화석연료를 펑펑 써대면서 생산 활동을 하거나 국민건강을 전혀 고려치 않고 50~70도의 독주를 판매하는 기업이라도 일자리 창출을 많이 하면 사회적 요소 부분에서 가점을 받아 환경적 요소의 감점을 상쇄하고 ESG 경영에서 높은 평가를 받는 상황이다.

2절. 경영 인증

　기업이 'ESG 공시 의무'에 따라 공시에 앞서 공인기관이나 단체의 검증을 먼저 받아야 하는 상황에 직면한 가운데 변호사와 회계사 간 '새로운 먹거리'인 검증 주관을 놓고 힘겨루기에 돌입한 모습이다. 앞으로 기업이 ESG 경영과 관련, 매년 공시하려면 공시 이전에 자사가 작성한 지속 가능 경영보고서의 객관성 입증이 선행되어야 하고 이를 위해 제3자 검증은 필수적인 상황이기 때문이다.

　ESG의 이행 결과를 종합한 '지속 가능 경영보고서' 또는 'ESG 보고서'는 환경과 사회, 지배구조와 관련하여 기업의 활동과 성과를 대외에 공개하는 보고서이다. 기업은 이 보고서를 통해 ESG의 이행 성과, 미래 비전, 리스크 관리 같은 것을 적극적으로 알리고 지속 가능한 경영의 실천을 다짐한다. 이와 같은 절차로 인해 기업의 신뢰성과 투명성 제고가 가능해진다.

　기업이 경영 과정에서 이행하는 환경, 사회, 지배구조의 요소는 투자자들의 판단과 결정에 있어 중요한 기준 가운데 하나로 작용한다. 한편, 소비자로서는 제품의 선택과 구매, 기업에 대한 신뢰도 및 충성도를 좌우하는 요인이 된다. 이처럼 다양한 이해관계자가 기업의 지속 가능성과 관련된 정보에 관해 관심을 두게 되면서 '지속 가능 경영보고서'는 이제 기업 경영에서 배제할 수 없는 필수적인 존재로 자리하였다.

　기업이 정기적으로 외부에 공개하는 ESG 보고서의 최종 페이지에는 일반적으로 '제3자 검증 의견서'가 들어가 있다. 이는 보고서가 기업의 자의에 의해 작성된 것이 아니라 "정해진 검증 기준에 맞춰 적확的確[33]한 정보를 제공한다."라는 제3자의 인증이라 할 수 있다. 검증에 수반되는 의견서가 아직은 의무 사항이 아니지만 일정 시기에 도달하면 의무 사항으로 바뀔 것이다.

국내 대기업은 ESG 보고서를 내면서 정보의 신뢰성은 물론 품질을 제고시키기 위해 제3자에게 검증을 의뢰하고 있다. 보고서에는 검증 기관은 물론 검증 표준과 방법, 범위도 명시된다. 현재 국내 주요 기업들의 경우 글로벌 차원의 경영을 하는 관계로 인해 주로 해외 기관의 검증을 활용하고 있다.

현재까지 ESG 정보와 관련, 활용되는 주요 검증 표준으로는 영국의 비영리단체로서 글로벌 지속 가능성 표준 제정기관인 어카운트어빌리티Accountability의 것이 대표적인바, AA100AS 및 AA100AP 등이 있다. 한편 국제회계사연맹IFAC 산하 국제감사인증위원회IAASB에서는 표준으로서 ISAE 3000을 개발해 놓았다.

AA100AS 표준은 4대 원칙으로서 포괄성, 중대성, 대응성, 임팩트를 제시한다. 이는 검증 대상 기업이 이해관계자 및 주요 이슈를 포함하는지 여부, 이해관계자의 관심 사항에 대해 제대로 대응하는지 여부, 자사의 경영활동을 정확하게 모니터링하는지 여부 등을 주요 검증 사항으로 삼는다.

---

33) 적확하다는 것은 "조금도 틀리거나 어긋남이 없이 정확하고 확실하다."라는 의미가 있다.

ISAE 3000 표준은 검증 기관의 자체적인 기준 충족도, 윤리 측면의 요구사항 이행 여부, 평가 대상 기업의 품질관리 및 업무 계획과 이행, 사업 정보의 획득 및 활용 등을 전반적으로 고려하여 검증을 진행한다.

국내 경영 분야 컨설팅업체와 회계법인은 주로 이들 단체의 표준을 활용하여 대기업의 검증 요청에 응하는 중이다. 그 때문에 국제 표준이 국내 시장을 선점하고 점유율을 높여나가고 있다. 이는 향후 국내에서 통용되는 표준 개발이 무엇보다 시급함을 방증하는 것이다.

EU를 중심으로 심화하는 주요 선진국의 'ESG 정보 공시 의무화' 추세에 맞춰 국내 기업도 단계적으로 의무화에 부응해야만 글로벌 기준 충족이 가능해지는 상황이다. 이와 관련하여 '지속 가능 경영 보고서'가 기업의 ESG 이행 척도로 인식되면서 객관성과 공신력 확보 차원에서 제3자 검증이 필요해졌다.

EU 회원국 가운데 환경과 인권에 대해 긍정적인 태도를 보이는 프랑스, 스페인, 이탈리아는 현재 ESG 정보 인증이 의무화된 상태이다. 이들 국가는 기업의 ESG 정보에 문제가 있으면 상응하는 처벌을 가하고 있다. 그 외의 회원국에서는 아직 의무화를 규정해 놓지 않았지만 향후 ESG의 추세에 따라서는 의무화로 돌아설 가능성이 상당히 높다.

기업 경영과 경제 질서를 민간 자율에 맡기는 편인 미국의 경우 ESG 정보 인증은 사업상 관심과 필요성을 가진 기업이 자체적인 판단으로 이행하는 상황이다. 트럼프의 재집권 이후 ESG 경영이 후퇴할 가능성이 높아지는 시점에서 향후 미국 기업의 행보가 주목을 받고 있다.

ESG의 이행 결과를 집약한 '지속 가능 경영보고서'는 기업의 지속 가능 경영 성과를 투명하게 밝히는 핵심 수단이다. 외부에서 대상 기업의 사회적 책임 이행과 지속 가능성 확보를 평가하는 데 있어 중요한 역할을 하기 때문이다. 그런데 간과할 수 없는 것은 기업의 보고서가 신뢰성을 획득하려면 객관성과 독립성이 담보되는 제3자 검증이 필요하다는 것이다.

이른바 '지속 가능 경영보고서 제3자 검증'이라는 것은 독립된 외부 기관이나 전문가가 보고서의 내용, 제시된 데이터 및 정보를 검토하고 사실 부합 여부를 확인하는 과정이자 작업이다. 그렇다면 제3자 검증은 왜 필요한 것인지 구체적으로 살펴볼 차례이다.

첫 번째는 신뢰도 제고 및 투명성 강화 차원이다. 제3자 검증은 기업이 보고서를 통해 명시해 놓은 내용과 데이터를 살펴보는 과정이다. 제3자에 의해 검증이 완료되었다는 것은 보고서를 신뢰할 수 있다는 확신을 갖게 한다. 제시된 정보 및 데이터가 과장되거나 덧붙여지지 않은 사실임을 입증해 주는 것이다. 따라서 투자자와 소비자 등 이해관계자에게 기업의 보고서를 놓고 확실하게 보증을 서는 것과 마찬가지이다.

두 번째는 평가 점수와 등급 향상의 기반이자 계기로 작용한다는 것이다. ESG 평가기관이나 투자자는 무엇보다도 공신력을 가진 제3의 기관에 의해 객관적으로 검증된 데이터를 중시한다. 그래서 제3자 검증을 거친 ESG 보고서는 그렇지 못한 보고서보다 긍정적인 평가를 받을 가능성이 높다. 국내 ESG 평가기관의 경우 제3자 검증 여부를 확인하고 있으며 이는 평가 점수와 등급에 일정 부분 영향을 미치는 요인으로 작용한다.

세 번째는 내부 리스크 관리 차원이다. 기업의 보고서가 제3자 검증을 거치지 않고 내부에서만 검토가 이뤄질 때 정보의 오류와 왜곡을 제대로 걸러내기 어렵다. 이에 따라 보고서 내용 및 데이터의 시정과 수정이 없을 때 해당 기업은 자칫 외부의 신뢰를 잃고 향후 경영에서 심각한 리스크에 직면할 수 있다. 결국 외부 기관의 검증이 이뤄져야만 제시된 정보의 정확성이 인정되며 보고서로서의 완결성을 갖게 된다.

네 번째는 세계 각국의 규제 강화에 따른 대응 차원이다. 선진국의 주도하에 전 세계에서 ESG와 관련된 규제의 문턱이 높아짐에 따라 기업은 ESG 데이터를 정확하고 투명하게 공시해야 하는 상황을 맞았다. ESG 규제의 핵심 목표는 투명성과 신뢰도를 갖춘 정보의 공시이다. EU 같은 경우 ESG를 '보이지 않는 무역장벽'으로 삼고 있는 가운데 향후 규제의 정도는 더욱 심화할 것이다. 따라서 기업으로서는 제3자 검증을 통해 기업이 규제를 실질적으로 준수하고 있음을 입증해야 한다.

국내의 상황으로 돌아가 보면, 제3자 검증의 주관 기관으로 선정될 경우 매년 대상 기업으로부터 검증 수수료를 받으며 지속적인 수익 창출이 가능해진다. 따라서 검증 시장 진입을 노리는 처지에서는 결코 놓칠 수 없는 분야라고 할 수 있다. 전문가들은 2026년 ESG 경영 관련 공시 의무가 실제로 시작된다면 검증 사업은 상당한 규모의 시장으로 성장할 것으로 예측한다.

변호사 단체는 제3자 검증 기관으로 지정받기 위해 ESG 경영의 법률적 측면을 강조하고 있다. 반면 회계사 단체는 경영적 측면의 강점을 적극 어필하는 상황이다. 현재 두 단체가 각기 대對정부 및 입법부 설득, 기업 대상의 우호적인 분위기 조성에 총력을 경주 중이다. 새로운 시장을 놓고 관련 업역 간의 경쟁이 치열하게 전개되는바, 누가 최종 승자로 자리할지는 아직 단정하기 어렵다.

ESG 경영이 비재무적인 요소를 고려하는 것인 만큼 변호사 단체와 법무법인들은 ESG 규제 리스크 관리, ESG 관련 소송에서의 경험을 내세우며 책임 투자의 흐름에도 부합된다는 논리를 내세운다. 이에 반해 전통적으로 회계감사에서 특장점을 가진 회계사 단체와 회계사들은 ESG 경영도 결국 회계의 카테고리 내에 있으며 정성평가 측면의 요소도 결과적으로 또한 수치로 나타난다는 점을 부각하려고 노력 중이다.

현재 국내 ESG 보고서 검증과 관련하여 가장 큰 문제점을 꼽는다면 검증을 강제하고 감독할 기관의 부재이다. 이는 정부의 과제로서 남아 있다. 제3자 감정 기관 지정 문제는 아직 공시 의무화 시점이 도래하지 않았기에 정부와 산업계, 관련 단체가 머리를 맞대고 해결책을 만들 시간은 남아 있지만 각자의 입장과 견해가 다른 상황에서 모두가 동의, 수용하는 길을 찾기는 쉽지가 않다.

전문가들은 민간경제에 대해 관 주도의 결정이 나기도 어렵고 바람직하지도 않지만 결국에는 정부에서 경제계의 애로사항 해결을 위해 가이드라인을 제시해 줘야 될 것이라는 의견을 내놓고 있다. 이처럼 ESG 공시와 이에 수반되는 검증은 글로벌 표준에 맞추되 이해관계자들의 실정을 고려한다는 측면에서 모두의 지혜를 모아야 하는 분야이다.

4장

ESG 경영의 미래

1절. 정치적 논리의 개입

그리스 철학자 아리스토텔레스는 자신의 저서 『정치학』에서 "인간은 자연 본성적으로 정치적 동물이다."[34]라는 말로 인간과 정치가 갖는 불가분의 속성을 설명하였다. 모든 인간은 국가 안에서 존재한다. 그리고 정치 행위를 통해 국가라는 공동체의 방향을 결정지으며 내부에서 발생하는 여러 문제를 해결키 위한 목적으로 상호 합의를 해 나가는 과정을 밟는다.

정치 행위의 주체인 정치인은 특정 진영에 속해 다양한 현안과 과제, 비전 등을 놓고 유권자에게 자신의 논리를 설명하고 설득함으로써 지지와 권력을 얻어 내는 존재이다. 정치인의 정치적 행위는 외교, 안보, 경제, 사회, 문화 등등 국가 공동체를 둘러싼 모든 문제에 대해 직접적인 영향을 미치고 자신의 진영에서 의도하는 결과를 도출키 위한 차원에서 이루어진다.

---

34) 아리스토텔레스, 정치학, 박문재 역, 현대지성, p. 22.

이 대목에서 자유민주주의 체제를 가진 서구 선진국의 사례를 살펴보면 보수와 진보 진영 간 각종 정책에서 상반된 입장과 방법을 제시하며 상황에 따라서는 격렬한 대립과 갈등의 모습을 보인다. 정치권에서 집중적으로 논의되는 경제정책과 관련하여 대표적인 것이 미국 공화당과 민주당 간의 ESG 경영에 대한 시각차를 들 수 있다.

공화당은 전통적으로 개발과 성장을 중시하는 데 비해 민주당은 보전과 분배를 중시하는바, ESG 경영에 대한 양자 간 입장에는 간극이 상당히 큰 상황이다. 환경과 사회, 지배구조의 가치 및 방향성을 놓고 민주당은 친환경, 다양성, 형평성, 포용성 등의 가치를 내세워 적극적인 찬성과 지지를 보낸다. 그러나 공화당은 확고한 반대 입장을 견지하면서 연방은 물론 및 지방의 의회 차원에서도 반反 ESG 입법 공세를 강화하는 중이다.

2016년 미국 대통령 선거에서 절대적으로 공헌하고 수석 전략가 겸 고문의 직책으로 백악관에 입성했던 스티븐 배넌Stephen Bannon[35)]은 트럼프 대통령의 핵심 책사로서 국내외 정책에 광범위하게 개입하고 절대적인 영향력을 발휘했다. 반反 이민, 반反 페미니즘 같은 극단적인 성향을 보인 그의 아이디어에 따라 '트럼프 1.0' 시대에는 이민자 추방, 환경 보호 예산삭감, 기후 협정 탈퇴 위협 등 지금의

35) 백악관에서 퇴직한 이후 2018년 우파 단체인 '무브먼트'를 설립하면서 '전 세계 우파 포퓰리스트의 대부'라고 불리는 인물.

ESG 개념과는 완전히 배치되는 정책과 조치가 이어졌다.

ESG가 기본적으로 추구하는 포용성, 형평성, 다양성 등에 대한 강력한 부정이 스티브 배넌의 의식과 사고를 지배했다고 해도 과언이 아니다. 이제 '트럼프 2.0' 시대를 맞아 흘러간 인물로 기억되지만, 그가 '트럼프 1.0' 시대에 대량으로 뿌려놓은 씨앗이 배태되어 미국 정치의 생태계에서 성장을 진행 중이다. 그 때문에 ESG의 관점에서는 대단히 불리한 환경이 조성되고 있다. 더욱이 "미국을 다시 위대하게MAGA"를 대선 캠페인으로 활용했던 트럼프 대통령은 바이든 시대 극복 차원에서 ESG를 들여다보면서 퇴행적인 정책을 펼칠 가능성이 높다.

이처럼 미국에서는 반 ESG 기류가 분명히 존재한다. 특히 공화당 주도로 전국의 각 주 의회에서 'ESG 금지 조례' 제정이 확산하는 중이다. 이 조례들은 "ESG 가치를 기준으로 투자자 또는 기업이 화석연료나 총기 관련 산업에 대해 배타적인 태도를 보인다면 적극적으로 제지한다."라는 내용을 담고 있다. 트럼프의 재집권과 더불어 공화당이 상하 양원에서 의석수의 우위를 점하게 된 상황은 반 ESG의 기조를 더욱 강화할 가능성이 높다는 것을 시사한다.

여기에 더해 산업적 측면으로만 보더라도 신재생에너지 분야의 풍력 및 태양광 발전 사업은 높은 금리와 공급망의 병목 현상이 벌어짐에 따라 투자 규모가 급감하는 추세를 보인다. 이를 반영하듯 ESG 투자의 열풍이 서서히 잦아들고 있으며 미국의 전통산업을 이끌었던 화석연료 관련 기업이 부활의 날갯짓을 시작하는 상황이 전개되는 중이다.

상당수 전문가는 트럼프의 재등장 이후 움직임을 예측하면서 민주당 정부 차원에서 이행했던 환경과 인권 정책이 다수 중단 내지 폐기되거나 후퇴할 가능성이 지극히 높다는 견해를 내놓고 있다. 트럼프의 지지 세력은 "기후변화는 사기다."라고 공언하는 동시에 인권 문제도 보편적 인권이 아닌 자국 시민 중심임을 확언하고 있다. 따라서 당분간 미국에서는 ESG 개념의 확산과 심화에는 일정 부분 제동이 걸릴 가능성이 높다.

반 ESG 진영이 환경, 사회, 지배구조 같은 비재무적 요소보다는 재무적 요소의 중요성을 강조하는 가운데 그간 ESG에 집중했던 미국 투자사들은 보수 진영인 공화당의 움직임을 예의주시하면서 정치적 논란에 휘말리지 않으려는 입장을 견지하고 있다. ESG 경영의 흐름을 촉진했던 블랙록Black Rock의 래리 핑크Larry Fink 회장의 경우 보수 정치권의 공격이 이어지자, 용어 자체를 사용하지 않고 소극적인 태도로 돌아섰는바, 이는 근래 ESG에 대한 투자 업계의 동향을 상징하는 사례이다.

한편, EU로 눈을 돌려보면 ESG 이행에 가속 페달을 밟는 주요 회원국이 '환경 제일주의'를 내세우는 데 대해 다른 회원국들의 반발이 분명히 존재한다. 회원국 다수가 의원내각제를 채택한 EU에서 보수 성향의 정당이 집권하면 기존의 진보 색채를 가진 정당에서 추진했던 ESG 관련 정책을 폐기 또는 수정하는 모습도 나타나고 있다. 정권의 교체에 따라 정책은 언제라도 방향을 달리하게 된다는 것을 여실히 보여준다.

ESG를 놓고 보수와 진보 진영 간에 정쟁으로까지 심화한 미국과는 달리 사회주의 국가 중국은 후발주자임에도 불구하고 자국기업의 글로벌 경쟁력 확보에 유리하다는 판단하에 공산당과 정부차원에서 적극성을 보인다. ESG 경영의 도입과 이행을 강조하는 공산당과 정부 입장에 대해 기업이나 관련 단체의 반발은 체제의 특성상 결코 수면 위로 드러나지 않는다.

중국 정부는 국영기업과 펀드를 상대로 ESG 기준 채택을 강력하게 요구하고 있으며 관영 언론매체도 "ESG는 더 아름다운 사회를 만들기 위해 기업의 역량을 활용하는 방법"이라는 논리를 펴면서 기업의 공익 기여에 방점을 찍는다. 환경과 사회 관련 문제의 해결은 정치 체제를 떠나 모든 국가에서 중요시되는 것으로서 특히 중국에서는 ESG가 기업을 이행 주체로 삼아 공적 현안을 해결할 수 있는 유효한 방식으로 선택된 것이다.

아울러, 그 이면에는 글로벌 경제의 주도권을 놓고 미국에 절대로 밀리지 않겠다는 의지와 함께 자국 기업의 체질 개선, 글로벌 시장 편입 촉진, 해외 친환경 자본 유치 등의 고려도 존재한다. 미국에서 ESG가 후퇴할 경우 그 공백을 중국이 채우면서 EU, 제3세계 등과의 협력 강화와 글로벌 경제 리더십 발휘 기회 확보라는 심산도 일정 부분 엿보이는 대목이다.

중국 정부의 목적과 의도를 떠나 ESG 경영에 따른 기업들의 관련 정보공개가 활성화된다면 외국 투자자 입장로서는 그동안 직면했던 대중국 투자의 걸림돌이 상당 부분 제거될 가능성이 높아지는 효과도 기대할 수 있다. 글로벌 기준에 맞춰 중국 기업과 경제의 불투명성이 해소되면 투자 리스크의 감소가 가능해지기 때문이다.

ESG의 첫 번째 요소인 환경은 국제정치 차원에서도 다뤄지며 당사국 간 입장과 의견이 첨예하게 대립하는 경우가 다반사이다. 이를 상징하는 것이 플라스틱이다. 고작 100백 년 남짓의 역사를 가진 존재이지만 지금은 지구와 인류를 위협하는 발명품의 하나로 인식되고 있다.

일상에서 사용된 이후 회수되지 못한 채 아무렇게나 버려진 플라스틱은 바다와 하천, 들판 등지에 나뒹굴면서 깎이고 쪼개지는 과정을 거쳐 5밀리미터 이하의 크기로 변한다. 이른바 '미세 플라스틱'이라는 이름을 얻게 된 이 물질은 이제 어류와 가축류 등 다양한 생명체를 거쳐 먹이사슬의 최상층에 위치한 인간을 공격하는 상황으로까지 치닫고 있다.

썩지 않는 플라스틱은 한번 생산되면 인간에게 매우 유용한 존재로서 구실을 하지만, 폐기된 이후 회수와 재생 등의 조치가 없으면 위협적인 존재로 자리한다. 그럼에도 인류는 이것과의 결별이 결코 쉽지 않다. 대량 생산과 가격 경쟁력을 바탕으로 모든 일상에서 쓰이지 않는 곳이 없을 정도이기 때문이다. 플라스틱이 없는 세상은 상상하기 어려운 것이 현실이다.

플라스틱이 갖는 용도의 다양성, 생산의 용이성, 가격의 접근성 등으로 인해 석유 수요의 감소에도 불구하고 석유화학산업은 오히려 성장을 거듭하는 가운데 인류 사회는 환경에 대한 가치를 중시하면서 우려의 시선과 함께 목소리를 높이는 중이다. 이는 ESG 경영의 흐름과도 맥을 같이한다.

2022년 UN 환경총회에서 처음으로 플라스틱 국제협약이 제안된 이후 수차례에 걸쳐 각국이 협상을 진행해 온 상황이지만 아직 합의점을 찾지 못했다. 사우디아라비아, 러시아 등 산유국이 플라스틱 원료 물질인 폴리머의 생산 규제에 대해 강력하게 반대하기 때문이다. 석유화학 분야의 글로벌 기업도 이들 산유국과 동일한 반대 입장을 견지하고 있다. 이처럼 환경을 놓고 국제정치의 역학관계가 작동되며 글로벌 기업의 개입과 작용도 존재하는 상황이다.

2절. 핵심 요소의 미래

환경, 사회, 지배구조는 ESG의 3대 핵심 요소로서 향후 경제와 산업의 패러다임이 획기적으로 바뀌더라도 기업으로서는 경영의 지속성 추구를 위해 필요하다. 인간이 처한 환경 중시, 인간을 향한 배려 강화, 인간에 의한 윤리 준수가 갈수록 요구되고 중시되는 만큼 오늘의 경영 역시 이러한 내용을 염두에 두고 이뤄질 수밖에 없다.

ESG가 지향하는, 이른바 '선한 경영'은 단기간의 이익 추구에서 벗어나 미래 세대까지 고려한 현세대의 고민과 지혜에서 비롯되었다. 따라서 오늘만이 아닌 내일도 생각하는 경영은 환경, 사회, 지배구조의 틀 안에서 진행되어야 한다. 이와 관련하여 환경을 중시하는 차원에서의 자연, 사회 구성원을 배려하는 수준에서의 인권, 경영자의 투명성을 요구하는 단계에서의 윤리는 우리가 다시금 주목하고 이행해야 할 덕목이다.

표준국어대사전을 찾아보면 자연은 "사람의 힘이 더해지지 아니하고 세상에 스스로 존재하거나 우주에 저절로 이루어지는 모든 존재나 상태"[36]로 설명되어 있다. 자연自然의 한자어를 직역하면 "스스로 그러함"이라는 뜻을 갖는데, 이는 인위적으로 이뤄지지 않는 상태의 사물이나 동물을 의미한다. 이러한 자연이 ESG 경영의 핵심 요소 가운데 하나인 환경에 해당하는 것이다.

인간이 자연 그대로 생존할 수 있다면 좋겠지만 물질적인 기반 없이는 불가능한 것이 현실이기에 자연에 대해 힘이 가해질 수밖에 없다. 인간은 자연의 물질을 개발하고 활용하는 것을 피하기 어렵다는 현실에서 지속적으로 세대를 이어 간다. 그러나 과학기술의 발전과 함께 우주 개발이 진행된다 해도 '지구는 하나뿐'이라는 사실에는 아무런 변화가 없기에 문제가 발생한다.

인류는 당장에 지구를 떠나 살 수 없는 존재로서 모든 활동이

---

36) 국립국어원, 표준국어대사전.

지구 안에서 이뤄진다. 인류의 먹고사는 문제를 놓고 진행되는 모든 경제활동의 기반은 물질이며 이 물질의 출처는 분명히 자연이다. 따라서 현대사회가 갖는 '인간에 의한 무한대의 수요, 자연에 의한 유한대의 공급' 특성상 자연의 한계를 인식하는 것이 중요하다. 이는 ESG 환경 요소의 출발점이다.

자연이 경제와 결합하는 개념으로 자연자본natural capital이 있다. 이것은 경제활동에 필수적인 자연 자원과 생태계 서비스를 포괄하는 개념이다. 숲, 물, 토양, 공기 등의 자연 자원뿐만 아니라 탄소 흡수, 물 정화, 생물 다양성 유지와 같은 생태계 서비스도 자연자본에 포함된다.[37]

이 개념은 '경제 발전과 환경 보호'라는 상반된 활동 간에 균형을 맞추기 위한 학계와 기업, 사회 공동체의 노력에서 기인한다. 그간의 전통적인 경제모델에서는 "자원 자체가 무상, 무한대로 제공된다."라고 인식하였다. 그러나 자연자본 모델의 경우 자원이 갖는 유한성, 중요성에 주목하고 이를 현명하게 해결하려는 노력을 요구하고 있다. 당장의 이익만을 추구하는 단견에서 벗어나 지속 가능한 발전을 위해 자원의 보존은 물론 효율적 사용에 방점이 찍힌다.

이러한 개념으로 경제계에 등장한 것이 생태 경영이다. 이는 조직 경영에 생태적 관점을 부가하여 경영을 바라보는 새로운 접근 방식이다. 환경 측면으로 건전하고 지속 가능한 발전이라는 틀 속

---

37)　연합인포맥스, 시사금융용어.

에서 경영을 수행하는 관점으로서 인간이 살아가고 있는 생태계, 즉 자연환경이 건전하게 보존되는 상황에서 기업 경영의 범위를 결정한다.[38]

또한 생태 경영은 환경생태 중시 주의에 따라 환경에 대한 기존의 관념을 획기적으로 변환하여 더 완전한 수준의 지속 가능성을 달성하기 위한 기업 운영 방식이다. 환경을 고려하는 과정에서 현실의 한계를 전제로 가급적 현실과 조화하려는 경영 방식인 환경 경영과 구별된다.[39] 이를 해석하자면 원칙적이고 원리론적 접근으로서 기업이 당장 선택, 이행하기에는 부담이 될 수가 있다.

자연의 유한성에 반해 수요의 무한성이 지속되기 때문에 ESG 경영의 환경 요소는 이행이 절실한 과제이다. 지구촌의 구성원들이 오늘만 살고 내일은 포기한 경우가 아니라면 반드시 실천으로 옮겨야 한다. 기후변화에 따라 자연이 우리에게 지속적으로 위급 신호를 보내고 있다. 그러나 우리가 이를 외면한다면 자연의 반격은 점차 거세질 것이다.

따라서 환경 요소는 ESG 경영의 흐름이 쇠퇴하고 변질된다고 해도 물질적 근원이자 기반으로서 중요도가 결코 하락하지는 않을 것이며, 오히려 시급성 때문에 글로벌 차원에서 기업의 관심과 노력은 더욱 강화될 가능성이 높다. 환경을 고려하지 않는 경영은 이

---

38) 한국기업교육학회, HRD 용어사전.
39) 네이버 국어사전.

제 상상하기 힘든 것이 되었다.

이제 ESG에서 결코 홀시할 수 없는 사회 요소에 대해 살펴볼 차례이다. 사회는 기업이 활동하는 무대이자 기업의 구성원을 공급해 주는 출처이며, 기업의 제품과 서비스를 사용하는 소비자로서 매우 중요한 존재이다. 이를 대변하듯 '기업 시민'이라는 표현이 경제계에서 자주 사용되고 있다.

사회 요소는 이해관계자로 압축되며 인간을 의미한다. 세계인권선언 제1조에는 "모든 인간은 태어날 때부터 자유로우며 그 존엄과 권리에 있어 동등하다. 인간은 천부적으로 이성과 양심을 부여받았으며 서로 형제애의 정신으로 행동하여야 한다."라는 내용이 명시되어 있다. 세계인권선언은 1948년 12월 30일 UN 총회에서 채택된 인권에 관한 전 세계 차원의 선언으로서 조약과 같은 구속력은 없으나 '인권 보장의 국제적 표준'이라는 의미가 있다.

인권이 기업 경영에 도입된 개념이 바로 인권 경영이다. 이것은 기업의 이해관계자들인 사람을 존중하고 배려하는 경영이며 기업으로서는 여러 사람과 폭넓게 대화하면서 그들에게 부정적인 영향을 미치지 않는 경영활동 방안을 모색하는 것이 바람직하다.[40]

구체적으로 살펴보면, 기업이 경영활동과 사업수행 과정에서 소속 임직원, 협력업체, 지역공동체 구성원 등 다양한 이해관계자의 이익 및 인권을 침해할 요인에 대해 조사와 파악을 통해 예방함과

---

40) 법무법인 지평, 『인권경영 해설서』, 한국경제신문, 2023, p. 11.

아울러 침해가 발생했을 경우 구제 제도를 십분 활용하여 피해자의 존엄과 인격을 적극적으로 보호하는 것으로서 지속 가능한 발전을 위한 기본적인 조치이다.

인권 경영과 맥락을 같이하는 개념도 존재하는바, 바로 상생相生 경영이다. 상생의 사전적 의미는 "둘 이상이 서로 북돋우며 다 같이 잘 살아감"[41]이다. 무한경쟁의 현대사회에서는 말처럼 쉽지만은 않은 개념으로 인식되지만, 사회 구성원의 공존을 위해 경영에 도입되어 이제는 중요한 화두로 자리하였다.

그간의 인식이 "기업은 수익만 내면 역할을 다한 것"이라는 데서 지금은 "기업도 사회 공동체의 일원으로서 역할을 모색해야 된다."라는 것으로 전환이 이뤄졌다. 기업으로서 상생의 대상은 다수이다. 즉, 모든 이해관계자인 것이다. 거래처, 협력업체, 직원, 소비자, 지역사회, 투자자, 주주 등을 경영의 동반자로 삼고 이들과의 관계 구축에 관심과 노력을 기울이는 것이 상생 경영의 기본이다.

상생 경영과 직결되는 개념으로는 동반성장, 인권 중시, 사회 공헌 등이 있다. 이 가운데 동반성장은 경제적인 측면에서 규모의 차이가 있는 주체들이 상호 협력과 공존을 통해 함께 성장하는 것으로서 주로 대기업과 중소기업 간 공정한 거래와 협업 관계를 통해 함께 발전을 추구하는 개념이다.

여기에서 중요한 것은 동반성장의 결실이 사회적 약자에게도 분

---

41)　국립국어원, 표준국어대사전.

배됨으로써 이들 역시 성장 동력 확보의 일원이 되도록 유도해야 된다는 관점이다. 대기업과 중소기업, 기업과 직원, 기업과 사회 구성원 간 공히 손을 잡고 얻게 되는 성장이야말로 바람직한 성장이다. 따라서 기업의 결실을 강제로 분배하는 것이 아니라 결실 수확의 과정에 다양한 방식으로 동참시키는 것이 중요하다.

산업 생태계에서 공급망 측면으로만 보더라도 중소기업의 쇠퇴나 경영 악화는 거래처인 대기업에 직접적인 영향을 미치게 된다. 그간의 대기업과 중소기업 간 일방적인 거래 관행이 서서히 사라지는 이유이기도 하다. 우리 정부가 중소벤처기업부를 별도로 설립한 것은 뿌리산업 같은 산업현장의 일선 기업에 대한 보호 및 장려 정책을 펼쳐야만 국가 차원에서 안정적인 경제 및 산업 시스템 구축이 가능해진다는 판단에서 연유한다.

기업이 환경과 사회 문제에 관해 관심과 노력을 기울여도 경영자의 의식과 태도에 문제가 있다면 모든 것은 허사로 돌아간다. ESG에서 지배구조는 경영자의 윤리성과 투명성, 준법정신 등이 강조된다. 그 때문에 윤리 경영 혹은 투명 경영, 준법 경영 등으로 표현하기도 한다. 여기에서 요구되는 것은 경영자의 솔선수범이며 객관적인 시스템의 구축이다.

이제 시장은 기업에 대해 경영의 모든 것을 적법하게 이행한 후 정확하게 공개하는 방향으로 나갈 것을 요구하고 있다. 이러한 흐름이 반영되면서 현대의 경영은 기업이 양지에서 활동하고 경영자 역시 윤리를 지향하면서 내외부의 견제와 비판에 노출되는 방향으로 기준이 만들어지는 상황이다. 이는 경영자나 소유주가 자신에게 부여된 권리만 누리지 말고, 권리와 권한에 따른 책임과 의무에 충실해야만 되는 시대로 진입했음을 의미한다.

경영진은 물론 기업의 구성원 역시 윤리와 준법을 생활화하고 기업의 방침에 적극적으로 호응해야만 ESG 경영의 내재화가 가능해진다. ESG는 결국 하나의 기업문화로서 정착되어야만 성공을 담보할 수 있는바, 일회성 구호에 그치거나 형식적인 조치로 인식한다면 종국에는 실패의 결과를 맞게 된다.

투명 경영은 기업 운영과 관련 및 파생되는 모든 정보를 대내외에 공개함은 물론 기업의 의사 결정 과정을 감추지 않고 명료하게 진행해 가는 것이다. 또한 기업이 이윤 추구 활동을 벌이면서 법률을 준수하고 공공의 이익에 부합되도록 윤리와 도덕을 상시로 염두에 두는 경영이라 할 수 있다.

투명 경영의 중요성과 대표적인 실패 사례를 살펴보도록 하겠다. 천연가스 기업으로서 미국 에너지산업의 상징적인 존재였던 엔론 Enron Energy Corp사 경영진은 대차대조표와 현금흐름표의 비공개를 견지하면서 투명 경영과 거리를 두고 분식회계를 통해 투자자와 이해관계자를 기만함으로써 2001년 결국 파산의 길을 걸었다.

이 사건 이후 미국뿐만 아니라 글로벌 차원에서도 기업회계의 투명성과 경영진의 윤리에 대한 사회적 요구가 높아지게 되었고 투명 경영이 기업의 생존과 성장을 위해 필요하다는 인식이 깊어지게 된다. ESG 개념의 도입 이전에 발생했던 사건이지만 기업이 투명 경영에 소극적일 경우 실패로 이어지는 결과의 참혹성을 시사하고 있다.

 윤리 경영은 기업이 경영활동을 벌임에 있어 경제적 책임을 다하는 것에 그치지 않고 이를 넘어 사회 통념상 요구되는 윤리적 책임의 준수까지도 기본적인 의무로 인식하고 도덕성, 공정성, 합리성에 중점을 두는 것이라 할 수 있다. 이것이 이행될 때 기업은 비로소 소비자나 투자자, 언론, 사회 공동체 등에 의해 '착한 기업'의 반열에 오르게 된다.

제4부

탐정업과 ESG 경영의 접목

1장

탐정업과 ESG의 연관성

1절. 사회와 경제 정의

국내외적으로 불의와 불법, 불공정과 불평등이 공동체의 존립과 발전을 위협하는 것에 대해 우려가 커지는 가운데 많은 사람이 정의正義, justice에 대해 고민하고 그 의미를 되찾으려는 모습을 보인다. 그래서 우리에게 '사회 정의', '경제 정의'라는 용어는 수시로 듣게 되는 것으로서 결코 낯설지가 않으며 때에 따라서는 시대정신으로 거론되기도 한다.

정의는 사전적으로 "진리에 맞는 올바른 도리" 또는 "사회를 구성하고 유지하는 공정한 도리"[42]로 설명되고 있다. 한편, 하버드대학교 마이클 샌델Michael Sandel 교수는 정의에 대한 다양한 설명 가운데 "어떤 이는 정의란 미덕을 키우고 공동선을 고민하는 것이라고 말한다."라는 대목을 자신이 가장 선호한다고 밝히면서, "무엇을 하느냐뿐만

---

42) 국립국어원, 표준국어대사전.

아니라 어떤 태도로 하느냐도 중요하다."[43]라고 강조하였다. 이는 미덕과 공동선이 정의의 기본임을 시사하는 것이다.

정의라는 가치의 핵심은 공정함에 있다. 이른바 "공정하다."라는 말은 특정한 개인 또는 집단의 이해관계에 치우치지 않고 공평무사公平無私한 입장과 자세를 견지하는 것을 의미한다. 이해관계를 두고 갈등과 분쟁이 생기는 것은 각자 자신만의 이익을 지키려 하기 때문이다. 공정은 결국 누구에게나 적용되는 보편타당한 행위인 것이다.

인간은 각자가 재능, 교육, 연령, 성별, 직업, 재산 등 서로 다른 조건 속에서 살아간다. 이를 일절 고려하지 않는다면 인간 모두는 동일한 존재 가치와 천부적인 권리를 갖는 존재이다. 이러한 관점에서 출발할 때 인간에 대한 공정한 판단과 대우가 가능해진다. 어느 특정한 개인이나 집단의 위상과 이해관계에서 벗어나 '우리는 모두가 동등한 존재'라는 식의 상식적인 입장에서 출발하는 것이 정의의 기본이 된다.

불평등과 불공정은 오늘날만의 문제가 아닌 이전부터의 문제였다. 지금부터 2,500년 전 공자孔子는 제자에게 "나라가 있는 사람은 공정하지 못함을 근심하며, 가난을 근심하지 않고 편안하지 못한 것을 근심한다. 모두가 공정하면 가난이 없고, 화목하고 편안하면

---

43) 마이클 샌델은 『정의란 무엇인가』 제하 저서를 통해 공리주의와 자유주의, 공동체주의와 관련된 이론을 다양한 사례를 통해 소개하고 우리 사회를 향해 정의에 대한 담론을 제기하였다.

어느 한쪽으로 기울어지지 않는다."[44]라고 설파하였다. 그 후 1,500년이 지난 남송南宋 시대 유학자 육구연陸九淵은 "가난한 것이 걱정이 아니라, 고르지 못한 것이 걱정이다."라며 공자의 뜻을 되새겼다.

이처럼 동서고금을 막론하고 공동체에서 특정 개인이나 집단에 의한 불공정이 시정되지 않고 이에 따른 불평등의 결과는 구성원의 좌절과 불만으로 나타난다. 공동체 내에서 명확한 원칙과 기준에 따른 공정이 선행되어야 구성원의 공감으로 이어지는 것으로서 특히 먹고사는 문제를 놓고 시시비비를 가리는 경우 더욱 필요한 개념으로 자리한다.

정의 문제를 글로벌 차원으로 본다면, 1995년 덴마크 코펜하겐에서 개최된 '세계 사회개발 정상회의'가 "빈곤을 퇴치하고 완전 고용 및 안정적이고 정의로운 사회를 구현하기 위해 세계가 협력하자."라는 선언을 채택하였고 2007년 '제62회 UN 총회'에서는 사회 정의를 위한 새로운 협력 방안이 논의되었다. 이에 따라 "누구나 제약 없이 안정된 사회에서 평등한 삶을 보장받는 노력을 기울이자."라는 의미로 매년 2월 20일을 '세계 정의의 날'로 제정하였다.

본 저서에서 다루는 주요 내용은 "탐정이 ESG 경영에 어떻게 접근하고 기여할 것인가?"이다. 그래서 경제적 측면의 정의를 중점적으로 설명토록 하겠다. ESG는 윤리와 도덕을 중시하는 개념이다. 경영에서 도덕적 가치 구현이 점차 중요해지는 시대를 맞아 기업의

---

44) 『논어』「계씨 편」.

윤리는 경영 과정에서 행동 규범으로 삼는 가치와 원칙을 의미하는바, 사회 공동체의 일원으로서 경제적 책임, 법률적 책임, 윤리적 책임을 다해야만 충족이 가능해진다.

경제적 책임은 이익 추구가 기본 목적인 기업 활동에서 이것에만 매몰되어 환경을 파괴한다거나 사회적 비용을 유발하는 원인 제공자가 되어서는 안 된다는 것을 의미한다. 기업이 경제 생태계의 주역으로서 국가와 국민, 사회에 대한 책임과 의무에 충실해야 한다는 논리에서 출발한 개념이다. 예를 들자면, 기업에 의해 재난 수준의 해상 기름 유출, 공장 화재 같은 대형 사고가 터진다면 이를 수습하기 위해 정부와 관계 당국 등의 막대한 공적 지출은 물론 상황에 따라서는 인적 희생이 수반된다.

법률적 책임은 기업으로서 모든 법률을 준수하면서 불법적 행위와는 완전히 거리를 두어야 한다는 것을 의미한다. 기업이 오로지 이익 추구를 목표로 삼아 법률을 무시하고 사회 공동체의 안녕과 질서를 외면한다면 이는 스스로 부정하는 행태로서 공동체와의 기본적인 약속을 어겼다는 점에서 사법적, 행정적 제재를 받을 수밖에 없다. 위법 행위는 결과적으로는 시장에서 퇴출을 자초하는 것인 만큼 기업으로서는 준법의 의지와 자세가 대단히 중요한 덕목이다.

윤리적 책임은 기업이 법률과 제도에 부응하고 지키는 데서 더 나아가 올바른 기업관, 경영관 구축을 통해 적극적인 자세로 공공의 선이 구현되도록 노력해야 함을 의미한다. 기업 활동 과정에서 경제적 책임과 법적 책임만 다한다고 해서 끝나는 것이 아니다. 윤리의식이 결여된 기업은 당장의 이익을 취할 수 있어도 종국에는 사회와 소비자로부터 외면받고 경제 생태계에서 고립의 상황으로 몰리는바, 이미 국내외의 다양한 사례에서 입증되었다.

우리나라의 경우 경제와 관련된 정의, 즉 경제 정의는 성장과 발전을 거듭하고 사회적으로 결실을 나누는 과정에서 더욱 필요한 개념이 되었다. 1980년대 후반 국내 시민사회단체들이 경제적 측면에서의 불공정과 불평등을 해소하자는 차원으로 다양한 활동을 벌이기 시작하였다. 이 가운데 경제정의실천시민연합약칭 경실련은 부패 방지, 토지 공개념 실현, 경제민주화 실천 등을 목표로 삼아 설립되었다. 우리 사회에서 시민사회가 공정과 균등을 주제로 삼아 본격적으로 경제 정의를 외치기 시작한 것이다.

이 단체는 1989년 발기 선언문에서 "경제적으로 시장경제의 효율성과 역동성을 살리면서 깨끗하고 유능한 정부의 적절한 개입으로 분배의 편중, 독과점 및 공해 등 시장경제의 결함을 해결하는 민주 복지사회가 자유와 평등, 정의와 평화의 공동체로서 우리가 지향할 목표이다."라고 밝혔다. 아울러 "탐욕을 억제하고 기쁨과 어려움을 이웃과 함께하면서 경제 정의, 나아가 민주 복지사회의 건설을 위하여 이 시대, 이 땅을 살아가는 한 시민으로서 사명을 다할 것을 굳게 다짐한다."라고 선언하였다. 이를 계기로 우리 사회에서는 경제 정의가 화두로 제기되었다.

선언문에 등장하는 탐욕의 억제, 이웃과의 동행, 경제 정의 등의 표현은 오늘날 ESG 경영의 정신과 분명히 맥을 같이한다. 이제는 기업과 경제계가 외부의 압력이 아니라 자체의 판단과 필요로 자원 약탈적인 탐욕의 경제 행태에서 벗어나 선순환의 체계를 만들고 공동체 내의 이해관계자를 배려하며 공정과 규칙을 준수해야만 되는 시대가 되었다.

경제 정의와 관련하여 경제 관련 단체들이 각 기업의 경영을 대상으로 삼아 이를 수치화하고 정기적인 평가를 하고 있기도 하다. 이 가운데 대표적인 것이 경제 정의 지수經濟正義指數[45]이다. 이 지수를 제정, 발표하는 단체로는 한국기업지배구조원, 한국생산성본부, 한국 경제정의연구소 등이 있다.

한국기업지배구조원의 경제 정의 지수의 경우 경제적 주체의 사회적 책임이 강조되는 경영 환경에서 대상 기업의 경제 정의 구현 성과와 윤리성 등을 종합적으로 평가할 목적으로 개발되었고 그 결과를 매년 발표한다. 평가 분야를 도표화해 보면 다음과 같다.

한국기업지배구조원 경제 정의 지수	
평가 영역	세부 평가 항목
경제적 성과	수익성, 성장성, 생산성, 안정성
사회적 성과	공정거래, 노동환경, 환경 경영, 사회 공헌
윤리적 성과	지배구조, 공시, 이사회 독립성

---

45) Korea Economic Justice Institute Index, 약칭 KEJI.

한국생산성본부는 기업의 경제적 성과뿐만 아니라 사회적 기여도, 환경 친화성 등을 종합적으로 반영하여 각 기업의 사회적 가치를 측정하는 지표로서 1990년 경제 정의 지수를 개발하였다. 이는 모든 이해관계자가 합당한 대우를 받을 수 있도록 공정한 경쟁 환경을 만들어 주고 나아가 지속 가능한 성장을 이루는 것이 기업의 사회적 책임이라는 데서 출발한 것이다. 이 단체의 경제 정의 지수 평가 사항은 다음과 같다.

한국생산성본부 경제 정의 지수	
평가 영역	세부 평가 항목
경제적 성과	매출액 증가율, 자기자본 이익률, 당기순이익 증가율 등
사회적 성과	고용 창출, 세금 납부, 기여금 지출 비율 등
환경 성과	온실가스 배출량, 에너지 사용량, 용수 사용량 등
지배구조	이사회 독립성, 경영진 보상 적정성, 공시 충실도, ESG 체계 구축 현황 등
브랜드 이미지	소비자 조사를 통해 산출되는 신뢰도, 호감도, 구매 의도 등

경제 정의 지수 가운데 언론과 학계에서 가장 많이 인용되는 것은 경제정의실천시민연합 소속 경제정의연구소의 지수이다. 기업의 사회적 책임 실천을 촉구, 지원하기 위해 개발된 이 지수는 장기간에 걸쳐 수정과 보완을 지속한 결과, 현재는 기업을 대

상으로 평가하면서 건전성, 공정성, 사회 공헌도, 소비자 보호, 환경 경영, 직원 만족 등의 6개 영역 59개 평가 지표로 구성되어 있다. 특히 환경과 관련된 요소를 엄격하게 적용하면서 시대의 흐름을 충분히 반영한다는 평가를 받는다.

2절. 정보의 수요와 공급

미국 육군사관학교 웨스트포인트에서도 교과과정의 하나로 채택했던 손자병법孫子兵法은 전쟁뿐만 아니라 기업의 경영에서도 수시로 거론되는 고전이다. 손자가 전쟁의 상황을 놓고 강조했던 정보는 오랜 시간이 지난 지금에 이르러 '보이지 않는 무한전쟁'을 치르는 기업 경영자에게 시사하는 바가 매우 크다. 이 때문에 마이크로소프트사MicroSoft 창업자인 빌 게이츠Bill Gates도 상시로 열독하면서 그 의미와 가치를 되새긴다고 알려졌다.

손자병법 가운데 "적을 알고 나 자신을 알면 백 번 싸워도 위태롭지 않다.", "적을 모르고 나 자신만 알면 한 번 이기고 한 번 패배할 것이다.", "적을 모르고 나 자신도 모른다면 싸울 때마다 패할 것이다."[46]라는 내용을 기업의 경영에 대입해 본다면 그대로 들어

---

46) 『손자병법』「모공 편」.

맞을 것이다. 기업이 정확한 정보를 갖고 경영해야만 치열한 경쟁에서 이기고 성과를 거둘 수 있다는 점에서 손자병법의 가르침은 오늘날에도 여전히 유용하다.

기업은 시장 진출과 안착, 성장과 발전을 도모하기 위해 기본적으로 정보력과 정보 자산을 갖춰야 하는 존재이다. 규모와 업종을 불문하고 경영활동에 요구되는 정보력과 정보 자산이 없다면 자칫 망망대해를 표류하는 난파선 신세에 놓이게 된다. 그래서 언제나 레이더를 가동하면서 경영이 직면한 위험은 물론 기회까지도 살피는 것은 기본 중의 기본이다.

특히 '일류'로 불리는 대기업들은 자기 조직은 물론 시장, 경쟁사, 고객, 이해관계자, 시대의 흐름 등을 정확히 파악하기 위해 엄청난 노력을 기울인다. 정보를 통해 사업의 기회를 잡고 리스크는 예방하려는 적극적인 움직임으로서 많은 경영 관련 서적들도 "자신과 상대방을 면밀히 파악하고 인지하는 기업이 우위에 서고 시장을 지배한다."라고 지적하고 있다.

전 세계적으로 불확실성이 심화하고 경제 주체 간 경쟁이 치열해지는 상황에서 정보력은 기업 생존의 필수적인 자산이자 사업 진행의 불가결한 배경이 되는 것으로서 수집, 분석, 판단, 적용의 과정을 거친다. 이 과정이 결코 생략되어서는 안 되며 순조롭게 이뤄져야 정보로서의 가치가 생기며 기업은 비로소 성공을 기약할 수 있다. 정보력의 요소를 살펴보면 다음과 같다.

우선은 탐색 내지 검색할 수 있는 수집 능력이다. 새로우면서도 가치를 지닌 정보를 신속히 찾아 이를 자신의 것으로 만드는 능력이다. 시장을 둘러싼 다양한 주체의 동향, 경쟁사의 움직임, 고객의 반응 및 요구와 기대, 기술 발전의 추세 같은 기업 외부의 정보를 적시에 찾아내는 일은 치열한 경쟁 속에서 남보다 한 걸음 앞서는 데 있어 필수적이다.

다음은 수집된 정보를 들여다보고 파악하는 분석 능력이다. 체계적이고 면밀한 분석을 통해 의미 있는 결과를 도출해 내는 능력이라 할 수 있다. 기업이 각종 자료와 데이터를 모으는 데서 그치지 않고 이면의 속성과 가치를 찾아야만 향후 전략 수립이 가능해진다. 정보를 어떻게 다루고 필터링해야 할지를 정확하게 아는 능력이 요구된다.

이어지는 것은 분석의 결과를 해석하고 취사선택하는 판단 능력이다. 정보를 단순히 수치로만 이해하는 수준을 넘어 기업의 미래를 결정짓는 기준이 될지를 결심하는 단계에서 필요한 능력이다. 만약에 판단이 잘못된다면 그간의 과정은 아무런 의미가 없게 된다. 여기에서 중요한 자세는 냉철함과 신중함이다. 경영자의 판단미스로 인해 돌아오는 결과는 기업의 명운을 가르기도 하기 때문이다.

마지막으로 필요한 것은 판단의 결과를 경영에서 실제로 이행하는 적용 능력이다. 수집, 분석, 판단의 과정을 거친 정보를 효과적으로 활용함으로써 구체적인 성과로 만드는 능력인 것이다. 아무리 좋은 정보라도 실제로 적용이 되지 않는다면 지난 과정은 헛수

고가 되며 경영에 대한 기여가 불가능해진다. 정보의 적용은 최종 단계로서 경영자의 결심이 무엇보다 중요하다.

기업의 정보력을 뒷받침하는 것은 정보 자산이다. 정보 자산은 기업이 가진 데이터, 네트워크, 지식과 노하우, 지식 재산권 등을 의미한다. 기업으로서는 이것을 기반으로 삼아야만 상대적인 경쟁력 확보, 절대적인 가치 창출이 가능해진다. 정보 자산의 주요 요소는 다음과 같다.

우선 중요한 것은 데이터이다. 기업이 경영 필요상 입수한 기본적인 사실 내지 수치로서 고객과 경쟁사 정보, 업계 정보, 입법부 및 행정기관의 동향과 정책, 해외 시장 추이, 외국 정부의 정책 변화 등등 그 범위가 대단히 방대하므로 정확한 선별과 취사선택이 중요하다.

아울러 '빅데이터 시대'를 맞아 데이터를 제대로 관리, 활용한다면 기업의 소중한 자산이 되지만 반대의 경우가 된다면 기업에 오히려 해를 끼치는 존재로 다가선다는 점을 인식해야 된다. ESG 경영에서 사회적 요소의 하나로서 데이터 관리가 상당히 중시되는 이유이기도 하다. 특히 고객정보는 개인의 프라이버시와 인권 측면으로 본다면 민감성과 폭발성이 강한 것이므로 별도의 시스템과 매뉴얼을 통해 중점 관리가 요구되는 항목이다.

데이터 못지않게 중요한 기업의 정보 자산은 지식이다. 기업 내부에서 데이터가 지속적으로 축적되고 그간의 경영을 통해 얻은 경험치와 유기적으로 결합한다면 이는 귀중한 지식이라 할 수 있다. 지식은 기업으로서는 언제나 활용이 가능한 정보 자산 형태로 전환된 것이다. 이를 반영하듯 경제계에서 지식 관리의 중요성이 높아지는 추세이다. 지식 관리는 경영 혁신 전략의 일환으로서 기업의 발전과 직결되는 핵심 지식을 지속적으로 입수, 축적 및 공유하고 업무에 적용함으로써 고부가 가치를 창출하는 행위이다.

한편, 지식과 더불어 중요한 것은 노하우이다. 노하우를 기업에 적용해 보면 특정한 업무나 과제를 수행하거나 문제를 해결하는 데 요구되는 방법론 내지는 기술이라고 할 수 있다. 기업의 노하우는 외부로의 유출은 절대로 금하되 내부에서의 유통은 필요한 만큼 절차와 과정을 통해 보안을 유지하면서 조직원들에게 공유되어야 한다.

데이터와 지식은 반드시 출처가 필요하다. 기업의 자체적인 인력과 조직만으로 온전히 획득되는 것이 아니다. 그 때문에 정보 자산을 입수하고 시스템을 구축하려면 외부의 조력이 필수적으로 병행되어야 한다. 다양한 정보를 입수하고 교차 비교, 분석해야만 정확도가 높아질 것이며 이를 위해서는 단수가 아닌 복수의 정보 출처가 필요해진다.

정확하고 가치 있는 정보 자산에 접근하려면 신뢰도가 높고 효과적인 출처 확보가 긴요한 것인바, 기업으로서는 필요할 경우 정보 입수를 위해 아웃소싱, 유료 정보지 구독, 협력사와의 공조 등의 조처를 하는 것이 중요하다. 이러한 노력을 통해 얻어지는 정보를 '관계 정보'라고 부르기도 한다. ESG 경영에서 이해관계자와의 공존이 강조되는 것도 기업은 결코 단독의 존재가 아니라 관계 선상에서 의미를 찾는 존재라는 데서 출발하고 있다.

기업이 간과할 수 없는 정보 자산으로는 지적 재산이 있다. 특허와 상표권, 저작권같이 법률에 따라 보호되는 자산이다. 지적 재산은 기업이 만들어 낸 기술과 경영상의 결과물로서 중요한 경쟁력인 만큼 법률적 보호에만 기댈 것이 아니라 자체적인 보호의 노력을 기울일 필요가 있다. 이러한 노력에도 불구하고 경쟁사나 특허 사냥꾼에 의한 권리 침해가 지속적으로 발생하기 때문에 대기업은 전담 부서를 두어 대응하면서 관련 소송을 진행하기도 한다.

위에서 살펴본 것처럼 정보력과 정보 자산은 기업이 급변하는 시장 환경에서 경쟁력을 갖추고 생존을 기약할 수 있도록 돕는 중요한 존재이다. 정보력과 정보 자산이 확보 및 구축된다면 기업으로서는 효율적이며 정확한 의사 결정, 시장에서의 경쟁 우위 확보, 다양한 리스크 대비와 관리가 가능해진다. 이울러 기업 내에서 정보가 적시에 전파, 공유된다면 새로운 사업 기회 창출도 용이해질 것이다.

정보력과 정보 자산에 대해 살펴봤지만, 중소기업과 벤처기업은 이를 갖추기가 쉽지 않다. 벤처기업에서 시작하여 유니콘Unicorn 기업47)으로까지 성장, 발전했던 기업들이 규모나 수익에도 불구하고

---

47) 기업 가치가 10억 달러를 초과하는 스타트업 성격의 기업을 전설 속에 등장하는 동물인 유니콘에 비유하면서 생긴 용어이다. 유니콘 기업이 점자 늘어나면서 이제는 기업 가치가 100억 달러 이상인 스타트업 기업을 칭하는 '데카콘'이라는 용어도 사용된다.

가장 애를 먹는 것이 몇 가지 있는데, 그 가운데 하나가 취약한 정보력과 미흡한 정보 자산이다. 조직은 비대해지고 인력은 충당되었지만, 사업의 진행과 진로에서 직면하는 리스크, 환경에 대해 아무런 대책과 정보가 없기에 다양한 문제점이 드러나고 있다.

현대사회는 정보가 대규모로 생산되고 급속하게 전파되는 특성을 갖는다. 이러한 정보의 진위를 파악하는 사실 확인, 즉 팩트 체크의 필요성과 중요성이 날로 높아지는 추세이다. 챗GPT 같은 AI의 등장과 유튜브 기반의 매체가 콘텐츠의 제작과 확산에 있어 가속기 역할을 하면서 이제는 진실과 허구를 구별키 어려운 상황으로까지 이르렀다.

생산자와 전파자의 의도 여부를 떠나 잘못된 정보는 개인의 피해뿐만 아니라 자칫 사회 공동체의 불안을 야기할 가능성이 높다. 사실이 아닌 정보가 정치, 경제 담론과 여론 형성에도 막대한 영향을 미치는 만큼 이를 해석하고 활용하는 데 있어 고도의 주의가 요구된다. 근래에 증권가 정보지, 즉 '지라시' 수준의 대기업 관련 콘텐츠가 일부 유튜버에 의해 왜곡 전파되면서 해당 기업의 주가가 폭락하는 등 사회적 문제로 대두된 것이 이를 방증한다.

기업은 정확한 정보가 있어야 하는 동시에 왜곡된 정보에 대해 방어해야만 하는 존재로서 이를 달성키 위해 정보 탐정과의 동반을 고려하는 것이 하나의 대안으로 제시될 수 있다. 대기업이 아무리 자체적인 정보팀을 운영하고 시스템 구축에 투자를 진행한다 해도 의도를 가진 외부의 불법적인 정보 전파에는 속수무책일 수밖에 없다.

법률의 사각지대를 노리는 악성 정보 유통자의 행위에 대응하려면 보안의 유지하에 정보에 특화된 탐정을 통해 해당 정보를 놓고 교차 확인, 심층 분석의 과정을 거쳐야 한다. 그래야만 정보 관련 리스크가 감소할 수 있다. 저자는 정보 탐정이 기업의 리스크에 대비한 레이더이자 센서로서 기여할 수 있는 공간 확보를 하는 방안을 검토해 볼 것을 제안한다.

2장

탐정업의 ESG 접근 자세

1절. 공익과 사익

탐정 역시 다른 직업과 마찬가지로 대다수가 수익을 목표로 삼는다. 다만 출발점을 수익보다는 공익에 놓고 사회 정의를 향하는 경우도 분명히 존재한다. 이를 공익 탐정 개념으로 해석하는데 실제로 정의 구현, 인권 보호를 위한 봉사 차원에서 일하는 탐정이 곳곳에서 활동 중이다.

탐정으로서 사익보다는 공익 활동에 가치를 두고 일할 때 환경 요소는 특히 중요하고 사회 요소도 들여다봐야 할 부분이다. 탐정 본연의 임무를 수행하되 '정의를 위해 환경과 인권 단체를 대리한 공격수로 뛸 것인지? 아니면 수익을 위해 기업을 대리한 수비수로 자리할 것인지?'의 문제로서 룰RULE, 규칙에 따른 롤ROLL, 역할의 선택은 온전히 탐정 자신의 몫이다.

제조업을 기반으로 삼는 국내 기업의 대다수는 ESG 경영 요소 가운데 환경 요소에 취약점을 노출하고 있다. 그 때문에 기후 악당으로 공격받는 제철 회사의 경우 대응책으로서 '기업 시민'이라는 개념을 통해 현재 직면 중인 문제에 접근한다. 이 용어는 경제계에서 '성숙한 시민이 사회공동체를 위해 선행을 실천하듯, 기업도 시민과 마찬가지로 사회 발전을 위해 상시로 환경을 염두에 두고 공정과 투명의 가치를 실천하는 존재'라는 개념으로 이해되고 있다.

공익 측면의 탐정 개념 가운데 대표적인 것이 광역자치단체인 서울시와 경상남도가 시행했었던 '착한 탐정', '암행어사'이다. 자치단체장이 바뀌면서 이제는 없어졌지만, 사회질서와 공공성에 어긋나는 행위에 대한 감시와 고발을 지방정부가 시민에게 맡겨 탐정의 역할을 끌어낸 사례이다.

서울시는 복지 사각지대의 해소를 위해 자원봉사자들을 활용, 독거 노인이나 기초생활보장 대상자 같은 사회적 약자의 실태를 파악하였고 경상남도는 공직사회의 청렴도 제고를 목적으로 시민사회단체의 협조를 받아 공무원 비리 제보 등을 맡겼다. 거창군과 사천시 등 일부 경상남도 기초자치단체도 암행어사 제도를 통해 공직사회에 대한 감시를 진행했었다. 여기에 참여한 시민들이 바로 공익적 측면의 탐정이었다.

탐정이 사회 정의, 경제 정의 구현 차원에서 NGO비정부기구 같은 사회단체를 기반으로 봉사한다면 ESG 경영 평가 지표는 활동의 중요한 목표이다. 공익 차원의 탐정은 개인 활동에 의지해서는 효과가 난망한 만큼 환경, 인권 관련 NGO와의 협업이나 공조 같은 동행 방식으로 진행되어야 한다. 사회단체로서는 해당 분야 전문성을 가졌지만, 인력과 조사 기법 등에서 한계를 갖기에 탐정과 협업을 진행할 때 충분한 시너지 효과 기대가 가능하다.

그런데 여기에서 주의해야 할 것이 과거 지방의 인터넷 언론, 사이비 언론이 오수나 매연 배출 기업체를 감시하면서 불법행위를 찾아내고 이를 빌미로 협박이나 금전 요구 등 행태를 보인 것은 탐정 본연의 업무와는 반드시 분리해야 될 범법 행위이다. 환경감시는 이전부터 자치단체나 공공기관이 민간과의 협업으로 진행해 왔는바, 기초자치단체 여러 곳이 민간 환경감시단을 운영 중이며 환경관리공단의 경우 '스카이 패트롤'이라는 프로그램을 통해 드론을 활용, 불법 폐기물 처리 감시를 민간인과 함께 진행 중이다. 여기에 참여하는 민간인들은 공익적 차원에서 환경 탐정으로서의 역할을 수행하는 것이다.

탐정업을 영위하는 이유가 사업자 또는 탐정법인 소속 파트너로서 수익 창출이라면 ESG 경영을 지원한다는 차원에서 긍정적인 방향이다. 제조업을 중심으로 하는 기업 대다수는 환경 요소에 매우 취약하고 관련 법률을 위반할 가능성이 지대한 가운데 비도덕적인 경우 심지어 '그린 워싱Green Washing[48]으로 불리는, 이른바 위장 환경주의로 위기를 모면하는 실태이다.

기업을 위해 환경단체나 환경 관련 기관의 동향을 파악, 제공하고 ESG에서 요구되는 평가 기준에 부합되도록 지원하는 것이 탐

---

48) 그린 워싱은 친환경 이미지를 갖는 green과 세탁을 의미하는 white washing의 합성어이다. 기업이 실제로는 환경에 악영향을 가져오는 제품을 생산하면서도 대외적인 홍보와 광고를 통해 친환경적 이미지를 내세우는 이율배반적인 행위를 지칭한다.

정의 새로운 역할로 떠오르는 중이다. 감시와 견제가 아닌 지원과 조력의 차원으로서 탐정업이 충분히 고려해 볼 분야라고 할 수 있다.

사회적 요소의 경우 기업의 공급망과 관련한 협력업체 또는 협력업체의 기준 위반, 사업장 내에서의 인권 유린, 반사회적인 행태 등을 점검하고 리스크를 파악하는 것이 탐정으로서 모색해 볼 역할 가운데 하나이다. 사회적 요소에 포함되는 사회적 약자 배려와 지원을 예로 들면 기업의 지원금과 지원 활동이 제대로 집행 및 이행되었는지를 모니터링하는 것도 하나의 방법이다.

사회 정의, 경제 정의도 접근 방식에 따라서는 수익 창출과 배치되지 않고 기업에 대한 지원을 통해 바람직한 사회 구현에 일조하는 기능의 작동이 가능하다. 공익적인 측면이 아니더라도 수익적인 측면에서도 올바른 기업 경영이 구현되도록 돕는다면 결과적으로 공익적인 성격을 갖는다.

ESG 경영은 결국 자연 친화, 인간 존중, 윤리 준수의 개념인 만큼 이러한 경영을 측면에서 돕는 것은 의미와 보람이 있는 활동으로서 탐정은 명분을 갖고 임할 수 있는 근거와 배경이 된다. 탐정이 수익 추구에서 출발했지만, 산업과 경제 분야에서 선한 결과를 도출할 수 있도록 기여한다면 이는 업무 수행을 통해 충분한 명분과 의미가 있다.

수익적 측면에서 접근할 때 가장 필요한 것은 투입 대비 산출로서, 즉 의뢰자의 관점에서 판단할 때 '탐정에게 위임할 때 가성비가 높은가? 내가 필요한 부분을 탐정이 충족시켜 주는가?' 등을 염두에 둬야 하는 것은 물론이다. 기업이 탐정에게 의뢰할 때 경제적 부담을 갖지 않고 지출을 할 수 있을 만큼 가치를 보여 주는 것이 중요하다.

이제 '어떤 방식으로 기업에 서비스할 것인가?'를 고민해 볼 차례이다. 첫 번째는 조기경보 차원으로 기업이 ESG 경영의 요소에서 취약점을 보이거나 법률 제정 같은 규제 동향이 감지되면 이에 대한 정보와 솔루션을 제공하는 것이다. 기업이 ESG 경영에 수반되는 다양한 외부 요소의 동향과 변화를 미리 알고 대비할 수 있도록 예측과 진단의 서비스가 중요하다.

시작 단계에서는 일부 지표에 대한 정보로 시작하여 점차 요소 전반에 걸친 정보로 심화, 확대하는 방식으로 진행해 볼 필요가 있다. 조금 더 구체적으로 들여다본다면 위기 관리 차원으로 '외부 세력의 적대적 인수합병 시도', '중대재해' 같은 경영상의 위기에 봉착했을 경우 전문성을 갖춘 탐정이 솔루션을 통해 탈출구 마련을 제시하는 것이다.

최근 기업들의 현안으로 대두된 오너 리스크, 사업장 내 중대재해 같은 것은 법적 처벌은 물론 회사의 존망 수준으로까지 파급될 폭발성을 가진 존재로서 시기적절한 대응과 사후 개선책 도출을 요구하는 상황이다. 탐정으로서 오너와 관련된 사건을 둘러싼 주요 언론매체의 보도 움직임, 공장이나 사업장 안전사고와 관련된 지역 언론의 보도 추이, 시민사회단체의 동향 등을 모니터링하면서 해결책을 제시해 주는 노력이 요구된다.

두 번째로는 시간 관리 차원으로 2026년으로 예정된 ESG 경영 공시 의무 대비를 위한 기업의 준비 과정에서 시간적 여유를 가질 수 있도록 요소와 지표의 실태 파악을 지원하는 방식이다. 정부 방침에 따라 ESG 경영은 2026년부터 의무 공시인 만큼 기업의 공시 내용은 2025년 실적이 될 수밖에 없으므로 실제로 주어진 것은 1년여의 시간뿐이다.

결국 각 요소에 따르는 세부 지표를 기업 자체적으로 파악, 해결하기 어려운 것이 현실이므로 외부의 조력이 요구되기 때문에 탐정으로서의 공간 확보가 가능해지는 이유이다. 탐정으로서는 기업과의 계약하에서 ESG 경영과 관련된 시간 관리의 조력자로서 역할 모색이 요구되는 시점에 놓여 있다.

기업의 대행자이자 조력자로서 임무를 수행하고 수익을 창출하는 것이 탐정 본연의 업무이지만, 해외에서는 기업을 공격함으로써 수익을 확보하는 탐정들이 활발하게 활동 중이다. 분식회계, 허위 공시 같은 기업의 약점을 찾아 공격함으로써 실익을 얻어내는 정보조사 및 행동주의 투자업체가 바로 그들이다.

미국의 머디 워터스Muddy Waters, 힌덴버그 리서치Hindenburg Reserch 등은 대표적인 행동주의 투자 기업이자 일종의 탐정업체로서 국내외에서 탐정을 동원, 허위와 편법으로 경영하는 업체에 대한 정밀 조사를 거쳐 대외 발표 보고서를 통해 공격을 가한 후 공매도로 수익을 올리는 수법을 즐겨 쓴다. 중국의 목재업체 시노포레스트, 루

이싱커피, 미국의 수소 트럭업체 니콜라 등이 표적으로 설정되어 집중적인 공격을 받았고 대다수는 공매도의 희생자로서 파산 내지 시장에서 퇴출되는 결과를 맞이하였다.

앞의 사례는 모두 해외에서 이뤄진 것이지만, 이들 업체가 글로벌 수준으로 부상한 국내 업체를 대상으로 공격적인 행동에 나설 가능성은 결코 부인하기 어렵다. 해당 기업이 위기의식 없이 대비책을 세우지 않고 그 결과로 취약점을 보인다면 언제든지 머디 워터스와 힌덴버그 리서치 같은 업체의 손쉬운 먹잇감이 될 수도 있음을 인식해야만 된다. 이들 업체에 의해 희생양이 된 피해 기업과 기업인이 다수라는 것은 해외 행동주의 투자 기업 및 관련 탐정업체에 대한 경각심과 대응책의 필요성을 시사한다.

탐정의 공익 우선과 수익 우선 선택은 분명히 각자의 몫이다. 다만 각자의 지향점은 출발부터 다르더라도 경제와 사회 정의 구현을 위한 역할 수행에는 차이가 없어야 한다. 수익을 추구하더라도 기업의 불법과 탈법을 용인하거나 돕는 것은 탐정의 윤리에 어긋나는 것이다. 기업이 올바른 경영을 할 수 있도록 자문해 주고 이에 앞선 위기 관리의 조력자로서 역할을 담당한다면 수익은 당연히 따라올 것이다.

2절. 신 영역 개척

탐정과 탐정업으로서는 ESG 경영 같은 경제의 새로운 패러다임에 맞춰 시장 공간을 만들고 이곳에서 활로를 모색할 필요가 있다. 기존의 관행적 탐정 시장은 영세성을 면치 못하면서 결과적으로 레드오션의 상황에 머물고 있는바, 이제는 블루오션을 찾아야만 된다. ESG 경영과 관련하여 탐정이 참여 및 기여할 수 있는 분야를 몇 가지 정리해 보겠다.

첫 번째 분야는 정보의 수집과 분석 분야다. 특히 업무상 주안점을 둬야 할 것은 해외정보로서 ESG 경영을 이행하는 수출기업의 경우 글로벌 동향, 수출 대상 국가의 정책 변화에 민감하지 않을 수가 없기에 상시로 필요성을 느낀다. 트럼프의 재등장으로 인해 대미對美 수출과 투자에 있어 불확실성이 높아지면서 관련 정보에 갈증을 느끼는 상황이다. 따라서 정보 제공자로서 이와 관련된 업무를 수행한다면 이는 '해외정보 탐정'이라 부를 수 있다.

미국과 중국의 패권 다툼, 러시아의 우크라이나 침공, 중동 지역의 전쟁 등 국제 안보와 관련된 불안 요인이 글로벌 비즈니스에 엄청난 영향을 미치게 되면서 다국적 기업에는 지정학 전략地政學 戰略, Geo strategy이 매우 중요한 경영의 변수이자 관건으로 등장하였다. 이러한 변수에 대응하기 위해 해당 기업들은 국제정치 및 외교계의 유력 인사들을 앞다퉈 영입하고 있으며, 주요 컨설팅 업체들은 지정학적 리스크에 따른 대응 방안 자문 사업을 확대하는 중이다.

스미토모, 미쓰비시, 이토추, 마루베니 등 일본 종합상사들의 사례에서 드러나듯이 비즈니스 정보에 특히 민감한 일본 기업들은 글로벌 정세의 급변 추세 속에서 신속하게 대응하는 중이다. 전자업체인 히타치, 주류 및 음료업체인 산토리 같은 유수 기업은 최고 지정학 책임자CGO[49] 직책을 신설하고 전직 외교관을 영입하였다. 한편, 화학업체인 미쓰비시케미컬은 공급망 리스크 관리를 위해 최고 공급망 책임자CSCO[50] 직책을 만들었다.

지금의 상황은 기업들에게 지정학에서 더 나아가 기정학技政學, Techno politics의 필요성까지도 요구하고 있다. 과거에는 지리를 중심으로 국제정치가 작동되었다면, 이제는 기술에 바탕을 둔 기정학의 시대가 열렸다. 국가 간에 지리적인 요소를 기준으로 적용, 진행되었던 동맹 관계에도 변화가 왔다. 자국에서 소요되는 기술, 소재와 부품 및 장비, 특허 등을 보유하고 협력에 동의하는 상대방이 새로운 파트너로서 인정되는 것이다.

그 때문에 탐정 역시 기정학과 관련한 지식과 정보를 무기로 삼을 필요성이 대두된 상황이다. 국제 정세를 보는 시각과 판단, 기술 변화에 대한 이해와 습득이 무엇보다 중요해진 시점에서 해외 및 기술과 관련하여 분야별로 특장점을 가진 탐정 간 횡적 연계와

---

49) Chief Geostrategy Officer는 해외와 관련된 기업의 지정학적 리스크를 총괄 관리하는 직책이다.

50) Chief Supply Chain Officer는 제조업 기반 기업의 원자재, 부품과 관련된 국내외 공급망 분야를 총괄 관리하는 직책이다.

협업이 요구된다.

두 번째 분야는 관련 법률 및 정책 모니터링이다. 환경과 사회, 지배구조를 놓고 입법부와 지방자치단체 의회의 법률, 조례 제정 활동이 활발해졌고 중앙정부와 지방자치단체가 조력자이자 감독으로서 ESG에 대해 개입을 높여 가는 상황인 만큼 이들의 동향 파악은 대단히 중요한 일이다.

특히 전 세계적으로 ESG 규제가 늘어남에 따라 기업은 경영에서의 리스크 관리 필요성을 절감하는 상황이다. 해외 주요 국가의 공시 규제는 해당 국가에서 사업을 영위하거나 자금은 조달하려는 국내 기업에 직접적인 영향을 미칠 것이다. 수출 기업의 경우 당장에 2026년부터 시행될 탄소 국경 조정 제도에 대한 적시적인 대응이 요구되며 공급망 실사 지침CSDDD[51]도 현안으로 떠올랐다.

특히 환경과 인권을 중시하는 ES의 경우 매년 평균 30건 이상의 ESG 관련 규제를 쏟아내면서 글로벌 시장의 경쟁 조건을 크게 바꾸고 있다. 이는 해당 지역에 대한 수출이나 투자를 진행 또는 계획 중인 우리 기업에는 반드시 들여다보고 대책을 마련해야 할 대목인 것이다. 결국 해외 시장을 주요 기반으로 삼는 우리나라 기업으로서는 EU는 물론 미국과 중국 등 주요 국가의 규제 동향을 면밀하게 파악해야 할 입장에 처해 있음을 시사한다.

---

51) 일정 규모 이상의 역내외 기업이 강제노동이나 삼림 벌채 등 인권과 환경에 손해를 끼치는 행위를 하는 것을 방지할 목적으로 각종 의무를 부여한 EU 차원의 법안이다.

그뿐만 아니라 국내적으로는 우리 정부와 입법부의 규제 동향도 홀시할 수 없다. 특히 21대 국회에서 시작된 ESG 관련 법률의 제정 움직임은 22대 국회에 들어서 본격화할 가능성이 높다는 점에서 향후 추이를 예의주시할 필요가 있다. 현재의 정치권 구도와 인식으로서는 기업의 환경과 인권, 지배구조와 관련된 법률이 더욱 늘어날 것인바, 기업이 결코 소홀하게 대응할 수가 없는 것이 현실이다.

다행히도 우리 정부는 각종 법령이 경제활동의 규제 요인으로 작용하는 것을 우려하여 대對국민 법률정보 서비스를 진행하는 중이다. 법제처 차원으로는 국가법령정보센터, 종합 법제 지원센터를 통해 국회 입법 상황을 모니터링하고 이를 공공 서비스로 지원하고 있다. 중소벤처기업부는 중소기업에 불리한 규제 관련 법령을 상시로 모니터링하고 중소기업의 의견이 적극 반영되는 '규제 예보 시스템'을 구축할 계획으로서 AI를 활용한 쌍방향 소통 방식을 채택할 예정인 것으로 알려졌다.

법무부는 세계 각국의 디지털 법제 동향을 적극적으로 모니터링하고 외부 전문가의 의견까지 붙여 '해외 규제 모니터링' 제하 보고서를 서비스하는 중이다.

입법부 역시 적극성을 갖고 각종 입법 상황을 '의안정보 시스템'으로 공개하고 있다. 이 시스템은 현재 국회에서 발의, 처리, 계류 중인 법안을 검색할 수 있는 도구로서 기업이나 단체 등을 대상으로 새롭게 작용할 규제를 선제적으로 파악, 대응하는 데 있어 매우 유용하다. 검색은 법안명, 발의자, 키워드, 처리 현황 등을 기반으로 가능하기 때문에 외부 사용자의 목적에 따라 신속한 정보 파악이 이뤄질 수 있다.

단체나 전문업체의 법령 모니터링 서비스도 활발하게 이뤄지는 상황으로서 회원을 대상으로 AI 기반의 법률, 규제, 정책 등 관련 정보를 제공하고 있는바, 법률과 관련된 새로운 시장으로서 주목을 받는다. 따라서 탐정은 이러한 공적 기관과 민간업체의 각종 서비스 제도 및 플랫폼을 근간으로 삼아 ESG 관련 법령을 모니터링하고 그 결과로 고객 기업에 대응 방안이 담긴 판단 의견서나 보고서를 제공하는 '법령 전문 탐정'의 영역을 개척해 볼 필요가 있다.

세 번째 분야는 부패 방지 분야다. 부패 방지는 ESG의 지배구조 요소 가운데 하나로서 중요성이 있다. 기업은 부패 방지 구현으로 조직의 이미지 개선, 브랜드 가치 향상을 기대할 수 있으며 국내외 사업 파트너와의 거래 관계에서 신뢰도 제고, 입찰 참여 시 가산점 취득 같은 효과를 누리게 된다.

기업의 역할과 책임에 대한 사회적 기대 및 요구가 지속적으로 커짐에 따라 투명하고 윤리적인 경영의 중요성이 높아지는 추세이다. 이와 관련하여 다수의 기업은 국제 표준화기구ISO가 제정한 국제 표준을 취득하기 위해 큰 노력을 기울이는 중이다. 이 표준 가운데 기업이 중점을 두는 것은 부패 방지 경영 시스템인 ISO37001과 규범 준수 경영 시스템인 ISO37301이 대표적이다.

ISO37001은 기업의 경영에서 이행해야 할 뇌물 또는 부패 방지에 관한 규정이며, ISO37301은 기업의 조직이 준수해야 할 준법 경영 방침에 관한 규정이다. 기업이 사업상의 이득을 위해 정부기관이나 이해 당사자에게 뇌물을 주거나 법과 제도를 벗어나 부정한 행위를 하지 않도록 글로벌 수준의 표준을 제시한 것으로서 매우 중요하다.

기업은 윤리 경영을 통해 지속 가능성을 확보한다는 차원에서 청렴한 조직문화 조성에 요구되는 윤리 경영 전담 조직을 만들고 필요시 익명 제보 시스템을 포함한 내부통제장치를 구축할 필요가 있다. 아울러 조직 내 모든 부서가 부패 방지 인식 제고와 문화 확산을 목표로 삼는 교육, 측정, 심사를 주기적으로 이행해야만 부패 방지가 가능해진다.

나아가 정례적인 부패 방지 매뉴얼 보완, 내부 심사 담당자의 역량 강화, 외부 사업 파트너 대상의 부패 방지 참여 유도, 자체적인 모니터링 강화 등의 조치도 지속되어야 한다. 이런 단계에 들어야만 ESG의 지배구조와 관련된 윤리 경영, 투명 경영이 내재화되었다는 평가를 받는다.

부패 방지는 기업의 조직과 인원이 저지르는 범죄를 예방하는 것과 맥락을 같이한다. 경영 및 영업 활동에서 발생하는 범죄, 즉 기업의 이익을 위해 임원 또는 직원이 행하는 잘못된 행위는 '정직한 사회'라는 공동체의 믿음과 질서를 훼손하고 경제 자원의 적절한 배분을 위해 존재하는 메커니즘의 효율성을 침해하기 때문에 공적 규제의 영역에서 다루는 법적인 이슈이다.

따라서 관련 부패 방지 법률에 정통하고 경제 범죄를 다뤄봤던 탐정의 역할 공간이 생긴다. 제3자의 시각에서 기업이 내부통제에서 놓친 부분을 살펴보고 부패의 가능성을 사전에 차단하거나 사후에 대처 방안을 강구토록 지원한다면 이는 '부패 방지 전문 탐정'으로서의 신 영역 개척이라 할 수 있다.

네 번째 분야는 디지털 경호 분야다. 기업의 최고경영진은 직책상 중요하고 민감한 사업 정보와 관련 데이터를 가졌기 때문에 악의적인 공격자에게는 대단히 매력적인 표적이 될 가능성이 높다. 따라서 기업 스스로가 '경영진 보호가 곧 기업 보호'라는 인식을 갖는 것이 매우 중요하다.

그동안에는 대상자에 대한 신체 보호가 중시되었으나 이제는 대상자의 정보 자산 보호, 즉 디지털 경호 필요성이 제기되는 시대로 접어들었다. 물리적 공간에서의 실제 경호원처럼 디지털 경호원은 대상자와 직결된 컴퓨터, 통신기기, 인터넷 등등 사이버 공간에서의 경호를 담당한다.

경영진의 개인정보가 외부로 유출된다면 여기에 담긴 각종 사업 계약, 회사 정보, 지식재산권도 동시에 공격자에게 넘어가고 해당 기업은 심각한 타격을 받게 될 개연성이 높다. 그 때문에 고가의 비용에도 불구하고 기업인들이 디지털 경호 서비스를 제공하는 업체를 찾게 된다.

디지털 경호는 외부 공격자가 사이버상에서 기업 경영진을 대상으로 협박, 스토킹, 신상 털기, 정보 절취 등의 행위를 벌인다면 이에 대응하여 실질적인 보호 조치를 취하는 것이다. 여기에는 보호 대상자가 사이버상에 남긴 흔적을 제대로 지워 공격자의 추적을 차단하는 것도 포함된다.

해외의 경우 디지털 경호가 하나의 신흥 비즈니스로서 자리를 잡고 있는 바, 스코틀랜드 왕립은행 출신 인사가 2018년 창업한 블랙클록Black Cloak이 이 분야의 성공적인 사례로 거론된다. 이 업체는 "디지털 임원 보호Digital Executive Protection"을 내세우며 글로벌 기업을 고객으로 삼고 최고경영진이 사용하는 각종 정보기기, 네트워크에 대한 안전 서비스를 제공하는 중이다.

원래 전산 보안에 종사하던 기업들도 경영진 대상의 디지털 경호 분야로 업무를 확대하는 추세이다. 대표적인 사례로는 미국의 제로 폭스Zero Fox를 들 수 있다. 이 업체는 투자전문회사에 의해 합병되기 전까지 나스닥Nasdaq에 상장되어 있을 정도로 유망한 기업인바, 기업 임원진을 위한 '맞춤형 디지털 경호' 상품을 출시하고 공격적인 영업에 나서고 있다.

보험 중개로 유명한 영국의 에이온AON은 전 세계 500여 개의 지사를 활용하여 위험 관리 컨설팅 사업도 병행하고 있다. 여기에 기업 고객 대상의 디지털 경호 업무도 포함되는데, 더욱 심도 있고 체계를 갖춘 서비스를 위해 아예 전문업체를 인수하기도 하였다. 이는 관련 시장이 향후 높은 성장 가능성을 갖고 있다는 판단에서 이뤄진 것이다.

국내에서도 일부 탐정법인이 디지털 경호 업무를 시작하고 새로운 시장을 열기 위해 다양한 노력을 기울이면서 디지털 분야의 경험과 지식을 갖고 있는 탐정과의 협업을 모색 중이다. 아직 국내 시장이 확고히 자리를 잡은 상황은 아니지만 시대의 흐름과 기업의 수요가 발생하면 기술 기반의 탐정에게는 새로운 공간이 열릴 것으로 예측된다.

다섯 번째는 평판 조회 분야다. 공동체 내에서 사람들 사이에 오가는 특정인이나 조직에 대한 비판이나 호평을 '세평世評'이라 칭하고 이를 수집하는 행위를 '세평 수집' 또는 '평판 조회'라고 표현한다. 이는 개인의 사생활을 중시하는 해외 선진국에서도 탐정업 영위의 중요한 분야이다. 특히 기업의 투자나 계약, 직원 채용 등과 관련하여 탐정업체에 대상자와 관련된 평판 조회를 의뢰하는 경우가 많다.

이는 휴먼 리스크 관리 차원에서 이뤄지는 것으로서 기업이 관리에 소홀할 경우 막대한 경제적 피해로 이어지기 때문에 필수 불가결한 과정이며 전문업체의 조력이 요구되는 분야이다. 평판 조회는 그간 헤드헌팅 업체의 전유물로 인식되어 왔으나 다양한 협조망을 가진 탐정이 새롭게 가세할 수 있는 분야로 꼽힌다. 합당한 사람을 찾는 기업과의 협업 파트너로서 탐정에게도 역할 공간이 충분히 열려 있다.

사람에 대한 평판 조회뿐만 아니라 기업에 대한 평판 조회도 중요하다. IT와 바이오, 반도체, 배터리 등 주목받는 사업을 중심으로 스타트업이 대거 출현하고 중소기업이 증가하면서 이들에 대한 신용조사의 필요성이 높아지는 상황이다. 과거에는 주식회사 설립이 비교적 까다로웠기 때문에 이 요건을 구비한 회사라면 우선은 신뢰하였다. 그러나 이제는 주식회사 설립의 문턱이 대폭 낮아졌기에 사전 조사 없이 거래하기에는 리스크가 존재한다.

기업 간의 거래는 일정 규모 이상의 물품과 대금이 움직이기 때문에 문제가 생겼을 경우 해결이 어렵고 해결을 위해서는 시간과 비용의 지출이 발생한다. 따라서 당사자로서는 상대방에 대한 정확한 정보가 요구되기에 거래 리스크 관리가 선행되어야 한다.

거래처의 현금 보유, 부채, 매출 같은 재무적 정보는 물론 경영진 개인과 관련한 정보도 필수적이다. 상대 기업 경영자의 사생활에 문제가 있거나 능력과 열의가 없고 미래 비전을 정확히 제시하지 못한다면 거래의 지속성, 안전성을 담보하기 어렵기 때문이다. 인적 요소가 이처럼 경영에서 차지하는 비중이 높기에 관련 리스크 점검은 반드시 필요하다.

글로벌 투자사들은 투자에 앞서 해당 기업을 들여다보면서 재무제표보다 핵심 경영진의 행태와 행적에 더 많은 관심을 기울인다. 이는 경영진의 의식과 사고방식이 종국에는 기업의 실적 및 미래에 끼치는 영향과 파급효과가 가장 크다는 데서 기인한다. 이를 반영하듯이 해외의 많은 대기업은 거래를 진행하기에 앞서 탐정업체를 물색, 상대방 기업에 대한 평판 조회를 의뢰하는 것이 상례로 자리 잡았다.

국내 일부 탐정업체가 평판 조회를 전문적으로 수행하면서 전문화를 추구하는 가운데 탐정업계에서는 향후 업무 확장성과 미래 지향성 차원으로 반드시 들여다봐야 할 영역으로 판단하고 있다. 다만 평판 조회는 민감성을 가진 업무로서 법적 제약에 따라 과정에서의 난관이 많으며 보안에 특히 중점을 둬야 한다는 점을 상시로 유의해야 할 것이다.

여섯 번째는 방위산업 분야다. ESG는 기업의 환경 보호, 인권 중시, 사회적 책임 등을 강조하는 개념이기 때문에 그동안 방위산업 및 석탄, 석유 등과 같은 화석연료 관련 산업을 의도적으로 경원시해 왔다. 특히 전쟁과 직결된 방위산업 분야 기업의 주식은 '죄악주罪惡株'로 불렸던 것이 사실이다.

그간 절대다수의 ESG 펀드들이 '무기는 사회를 파괴하기 위해 만들어진 존재'라고 인식했으나 우크라이나 전쟁을 계기로 '무기는 적으로부터 나 자신과 가족을 보호하고 국가와 사회 공동체를 유지하는 절대적인 수단'이라며 인식의 전환을 하게 되었다. 물론 일부 자산운용사는 아직 대인지뢰, 집속탄 같은 논란이 많은 무기류와 관련된 업체에 대한 투자를 고려치 않고 있으나 과거와는 태도가 일정 부분 달라진 것이 사실이다.

방위산업은 살상을 위한 무기를 만들어 낸다는 측면으로 볼 때 분명히 ESG에 역행한다고 인식될 수 있다. 그러나 한 걸음 더 나아가 살펴보면 취약한 안보 유지 능력으로 인해 외부로부터 침략을 받아 사회체제가 무너지고 극도의 혼란 상황으로 몰릴 때 경제의 지속 가능한 발전은커녕 당장의 경제난에 봉착할 것이다. 우크라이나 전쟁에서 나타났듯이 곡물가의 상승으로 인한 글로벌 차원의 파급효과가 즉각적으로 다수의 국가를 괴롭히고 있다. 당사국인 우크라이나는 물론 인접 국가들의 경제적 피해도 결코 만만치가 않다.

이 때문에 미국과 유럽 주요 국가들이 무기를 비롯한 다양한 물품을 지원하고 있는바, 이는 방위산업의 미래와도 연결된다. 무기류는 '필요악'일 수도 있지만 국가와 국민을 지키는 절대적인 요소인 만큼 모든 국가는 이를 안보의 핵심 수단으로 인식하고 경쟁적으로 개발과 도입에 나서는 상황이다.

방위산업은 전쟁을 억제하면서 자유 사회를 보호해 주는 순기능이 분명히 있는 만큼 ESG 경영 테두리 내에서 적용 대상으로 자리한다. 특히 'K-방산'으로 불리며 세계 각국으로부터 호평을 받는 우리의 제품과 기술이 국익 증진에 기여할 수 있도록 측면 지원을 해야만 된다.

이런 차원에서 탐정이 방위산업체의 협업자 내지 조력자로서 기여할 수 있는 공간을 확보하는 노력을 기울여야 한다. 특히 군과 정부의 안보 기관 출신으로서 관련 분야에 대한 오랜 경험과 전문적인 지식을 갖춘 탐정이 활동할 수 있는 공간으로서 방위산업의 ESG 경영은 중요한 의미가 있다.

3장

탐정업의 직업윤리

1절. 준법 경영의 시대

경제와 산업의 패러다임 변화와 함께 기업들 사이에서는 준법 경영이 중시되고 있다. 준법 경영은 업무 수행 과정에서 준수해야 할 관계 법률과 법령 및 내부 규정 등에 대한 정확한 파악, 법규 위반 가능성 등에 대한 면밀한 점검, 위법 행위의 예방 같은 조치를 적극적으로 취함으로써 법적 위험에 체계적으로 대응하는 일체의 통제 활동이다.

기업과 관련된 다양한 법률이 존재하는바, 이를 간과 내지 도외시할 때 당장의 생존은 물론 지속 가능성을 장담키 어렵다. 정부와 시장이 관용을 베풀지 않을 것이며 언론과 시민단체의 비판에 직면하고 소비자들은 불매운동을 통해 대응할 것이기 때문이다. 그 때문에 근래의 기업 경영은 '법률과의 동행'이라고 표현해도 무방할 정도이다.

준법 경영과 관련하여 다수의 기업은 '컴플라이언스compliance'라는 용어를 사용하는데, "법과 명령의 준수"라는 의미이다. 경우에 따라 '컴플라이언스 오피서'라는 담당 직책까지 두는 기업도 있다. 그만큼 기업으로서는 준법 경영이 중요한 덕목으로 인식되는 상황이다. 이에 따라 다수의 대기업, 공기업은 자체적인 조직과 시스템을 구축하고 대외적으로는 준법 경영의 의지를 보인다.

주요 기업들은 자체 인터넷 홈페이지에 준법 경영 관련 내용을 게재하고 있는바, 대다수는 일목요연하게 준법에 대한 의지와 방향, 실천 사항 등을 담아내면서 자사의 홍보용으로도 활용 중이다. 주요 대기업과 공기업 홈페이지에 게재된 준법 경영 관련 선언 및 헌장의 내용을 보면 다음과 같다.

➡ A공단(광물자원)

1. 공단 임직원은 회사의 경영활동에 적용되는 모든 규범 준수 의무 사항을 식별하고 이를 준수한다.

2. 공단은 규범 준수 경영에 대한 권한 및 역량을 지닌 독립된 규범 준수 책임자를 지정하며, 규범 준수 책임자는 모든 이해관계자를 대상으로 준법 문화 확산을 위해 노력해야 한다.

3. 임직원은 규범 준수 의무의 미준수가 발생하거나 의심되는 경우 규범 준수 책임자에게 보고하여야 하며, 공단은 제보자의 신분과 권리를 철저하게 보호한다.

4. 공단은 임직원이 규범 준수 의무 사항을 위반한 경우, 무관용의 원칙을 적용한다.

5. 공단은 규범 준수 경영의 지속적 이행을 위해 규범 준수 경영 시스템

을 구축하여 지속적으로 관리하고 개선하며, 이해관계자의 규범 준수 요구사항이 반영될 수 있도록 본 방침을 공개한다.

➡] B공사(운송 및 물류)

1. 우리는 높은 윤리적 가치관을 바탕으로 제반 법규와 규정을 반드시 준수한다.

2. 우리는 조직과 개인의 가치 및 인권을 존중함으로써 절대적 신뢰를 확보한다.

3. 우리는 고용 및 업무에서 차별을 없애고, 효율적 업무 수행을 위해 노력하며, 동료와 화합하는 조직문화 실천에 앞장선다.

4. 우리는 직위 및 업무 등의 우월적 지위를 이용하여 부당한 언행 또는 요구하지 않는다.

5. 우리는 성적 수치심을 유발하는 어떠한 행위도 하지 않으며 성희롱·성폭행 예방 등 양성평등 문화 조성에 앞장선다.

6. 우리는 환경친화적인 운영으로 후손의 소중한 자산인 환경을 적극 보호한다.

7. 우리는 공정하고 투명한 업무 수행과 건전한 거래에 의한 이익을 실현하고, 상호 신뢰와 상생발전을 위해 노력한다.

8. 우리는 끊임없는 기술 개발을 통하여 절대 안전을 구현하고 국민에게 편리한 교통 환경을 제공하는 데 앞장선다.

9. 우리는 전국적인 네트워크를 활용하여 사회봉사 활동을 적극 실현하고, 균등한 기회 제공과 사회통합 노력으로 국가와 지역사회 발전에 공

헌한다.

➔〕 C사(제강)

1. 임직원은 준법 경영을 경영 판단의 최우선 가치로 여기고 회사의 지속적인 발전을 위해 최선을 다한다.

2. 임직원은 회사가 추구하는 준법 경영의 원칙을 충분히 인지하고, 직무를 수행하는 과정에서 제반 법령을 비롯해 회사의 규정 및 지침을 준수하여 회사의 목적 달성에 이바지한다.

3. 임직원은 공정한 경쟁이 상호 발전의 원동력임을 인식하고 시장경제 질서를 존중하며 이를 저해하는 행위를 하지 않는다.

4. 임직원은 동료 간, 부서 간 적극적인 협조와 원활한 의사소통을 통해 업무의 효율성을 극대화하도록 노력한다.

5. 임직원은 깨끗하고 안전한 일터를 만드는 데 최선을 다하고 나아가 지역사회의 환경 보호에 앞장선다.

6. 임직원은 투명하고 효율적인 경영활동으로 건실한 이익을 실현함으로써 주주의 권익을 보호하고, 사회 공동체 일원으로서 사회적 책임을 다하여 국가와 사회의 발전에 공헌한다.

➔〕 D사(조선 및 해양플랜트)

1. 준법 경영의 필요성을 이해하고 회사 업무를 수행함에 있어 국내외 법규와 회사 규정을 성실히 준수한다.

2. 잘못된 관행과 부정한 유혹에 타협하지 않으며, 위법 행위에 참여하

거나 묵인하지 않는다.

3. 회사의 준법 경영활동에 적극 참여하며 준법 문화 구축에 앞장선다.

➼] E사(해양플랜트 및 신재생에너지)

1. 우리는 준법 경영이 회사의 핵심 가치임을 인식하고 모범적인 준법 경영 환경 조성을 위해 노력한다.

2. 우리는 업무를 수행함에 있어 관련 법류 및 사규를 준수하여, 이에 위반되는 행위를 하지 않는다.

3. 우리는 법규 준수를 위한 교육, 점검 등 각종 준법 활동에 적극 참여함으로써, 준법 경영을 고도화한다.

➼] F사(기술 분야 투자)

1. 우리는 법규를 준수하여 공정하고 투명한 준법 경영을 실천한다.

2. 우리는 임직원이 스스로 준법 경영을 실천할 수 있는 환경을 조성하기 위해 준법 통제 체제를 수립한다.

3. 우리는 준법 경영에 필요한 인적, 물적 자원을 지원한다.

4. 우리는 법적 위험의 예방 활동을 한다.

➼] G사(교육 및 레저·IT)

1. 기업 경영 관련 법령 및 회사의 규정을 준수하고, 기업윤리에 대한 지속적인 교육을 통하여 건전한 조직문화를 만든다.

2. 자유롭고 공정한 시장경제 질서를 존중하며 공정거래법을 준수한다.

3. 협력업체를 사업의 동반자로서 존중하고, 하도급 거래 관련 법규를 준수한다. 부당한 요구 등 거래상 우월한 지위를 남용하는 행위를 하지 않는다.

4. 사업의 기회를 얻거나 편의를 제공받기 위하여 부정한 금품이나 향응 등을 제공하거나 제공받지 않는다. 부패 방지와 관련된 법규와 사내 규정을 준수한다.

5. 국제적으로 통용되는 회계기준에 따라 정확하게 재무 정보를 기록하고 필요한 회사 정보 및 주요 쟁점들을 성실하게 알리도록 한다.

6. 영업비밀 및 지식재산권 보호와 관련된 법규와 사내 규정을 철저히 준수한다.

7. 고객이나 임직원 등의 개인정보를 보호하고, 개인정보 보호와 관련된 법규와 사내 규정을 준수한다.

8. 안전, 보건, 환경 관련 법규를 준수하고 고객과 임직원의 건강과 안전을 도모하기 위해 최선을 다한다.

➡] H사(보험)

1. 법과 윤리를 준수한다.
2. 깨끗한 조직문화를 유지한다.
3. 고객, 주주, 종업원을 존중한다.

➡] I사(무역 및 유통, 건설)

1. 종업원과 고객, 주주, 지역, 국가, 인류사회가 더불어 다 함께 잘 사는

공동의 번영을 추구한다.

2. 사업 활동을 전개하면서 국가와 지역사회의 법규와 도덕을 준수하고 정정당당히 실력을 바탕으로 자유롭고 공정하게 경쟁한다.

3. 기본과 원칙을 지키고 인간미, 도덕성, 예의범절, 에티켓을 준수하며 세계를 무대로 미래를 창조한다.

➡] J사(전자 관련 제조)

1. 관련 법규를 준수한다.

2. 개인의 존엄성과 다양성을 존중한다.

3. 언제나 경쟁법 테두리 안에서 공정하고 윤리적으로 경쟁한다.

4. 정확한 회계 처리 및 공시를 통해 회계의 투명성을 유지한다.

5. 정치적 중립을 유지하며 정치에 개입하지 않는다.

6. 개인 및 사업 파트너의 정보를 보호한다.

7. 모든 업무 활동에서 공과 사를 엄격히 구분한다.

8. 회사와 타인의 지식재산을 존중한다.

9. 건전한 조직 분위기를 조성한다.

10. 모든 활동에서 품위를 지킨다.

11. 고객 만족을 경영활동의 우선적 가치로 삼는다.

12. 주주가치 중심의 경영을 추구한다.

13. 임직원 삶의 질 향상을 위해 노력한다.

14. 환경친화적 경영을 추구한다.

15. 임직원과 고객의 건강 및 안전을 중시한다.

16. 기업 시민으로서 지켜야 할 기본적 책무를 성실히 수행한다.

17. 현지의 사회, 문화적 특성을 존중하고 상생을 실천한다.

18. 협력사와 공존공영의 관계를 구축한다.

19. 기술혁신과 IT 접근성 향상을 추구한다.

20. 고객 가치와 행복을 위한 초일류 품질을 추구한다.

2절. 탐정업과 직업윤리

탐정은 의뢰인의 요구에 부응해 사실 확인 및 조사를 거쳐 필요한 정보를 수집, 제공하는 과정에서 사적인 비밀을 지켜줘야 하는 직업이다. 업무 수행 시 부정과 유혹의 소지에 직면할 개연성이 높으므로, 탐정으로서의 사명감과 책임감은 물론 도덕성이 요구되는 만큼 직업윤리 의식이 철저해야 한다.

직업윤리는 다양한 직업 활동이 벌어지는 사회에서 인간이 삶을 영위하기 위하여 반드시 준수해야 할 상호 관계의 기본적인 도리이다. 즉, 사회가 기대하는 직업 수행자의 행위규범을 의미한다. 직업윤리가 이행되지 않는다면 그 사회는 결국 기초가 무너질 수밖에 없고 구성원 간의 신뢰는 찾아보기 힘든 상황으로 나가게 된다.

따라서 직업을 가진 사람 개개인, 그리고 해당 직업군은 상시 기본적 도리로서의 자기 점검과 자기 정렬을 해야만 된다. 특히 탐정의 경우 민감한 개인의 사생활, 기업의 기밀을 다루는 경우가 많은 만큼 철저한 직업윤리로 무장해야만 이를 기반으로 삼아 고객으로부터의 신용도를 유지한 채 지속 가능성과 확장성을 도모할 수 있다.

탐정으로서는 은밀성을 기반으로 업무를 진행하되 우선은 검증되지 않고 문제를 야기할 가능성에 대한 점검을 선행할 필요가 있다. 탐정은 스스로가 확고한 윤리 기준을 갖고 업무 수임과 수행에 임해야 하는 존재로서 검증의 노력이야말로 자신을 보호하고 지속성을 담보하는 기초가 된다. 따라서 다음의 몇 가지 사항은 상담 과정에서부터 상시 고려하고 반드시 준수해야만 된다.

첫째는 불법적이거나 비윤리적인 사건, 사회의 통념과 배치되는 사건은 결코 수임해서는 안 된다는 점이다. 탐정의 증거 수집을 위한 업무는 다양성과 광범위성을 갖기에 수임에 앞서 상세한 상담과 정밀한 전후 관계 파악을 통해 의뢰되는 업무를 걸러야 한다. 실적에만 방점을 찍는다면 자칫 탐정으로서 하기 어려운 업무에 매달리고 불법의 가능성을 높이게 된다.

둘째는 업무 수행 과정에서 알게 된 사실과 정보에 대한 비밀 준수의 의무이다. 이는 의뢰자와 탐정 간에 신뢰를 기반으로 한 계약 관계가 유지되기 위해 필수적인 덕목이다. 은밀성이 요구되는 탐정의 역할과 임무가 지속성을 가지려면 고객을 보호하고 고객과 관련된 비밀을 지켜주려는 자세가 중요하다. 의뢰자가 믿고 사건을 맡기려면 실력과 더불어 보안의 준수가 필수적이다.

셋째는 업무 범위와 비용에 대해 계약 이전이나 과정에서 명확성을 기해야만 추후에 의뢰자와의 충돌과 갈등의 발생을 예방할 수 있다. 불분명한 계약 조건은 탐정의 업무 범위를 모호하게 만들고 의뢰자의 불만을 야기하는 계기가 될 가능성이 높다. 수행할 수 있는 업무를 충분히 설명하고 결과에 대한 보수를 합의한 후에 업무가 개시되어야 문제가 생기지 않는다.

넷째는 탐정의 실력 문제로서 가장 기본이 되는 자기 계발 덕목이다. 수임만 하고 능력 부족으로 의뢰자의 기대를 저버리면 이는 직업윤리의 망각이다. 탐정은 고도의 전문성이 요구되는 직업으로서 끊임없는 자기 계발의 노력이 필요하다. 아무리 경험치가 축적되었다고 해도 필요하다면 과학기술, 신지식으로 무장해야만 생존할 수 있는 것이 오늘의 현실이다.

국내 대다수 탐정협회와 단체, 탐정사무소는 자체적으로 윤리강령을 제정해 놓았다. 각기 다른 내용으로 되어 있으나 공통적으로는 탐정이 준수해야 할 직업인으로서의 기본 윤리가 담겼는바, 업계의 발전 가능성과 지속성을 담보하기 위해 필수적인 자정의 노력으로 해석된다.

대통령 직속 정보기관 출신이 주축을 이룬 국가 공인 탐정협회는 IT 보안, 기업 리스크 관리, 공공기관 안전 분야 자문 등에 특화된 탐정 단체로서 2023년부터 매년 300명 이상의 탐정을 교육, 배출시키고 있다. 동 협회가 제정한 윤리강령을 살펴보면 다음과 같다.

국가 공인 탐정협회 윤리강령	
윤리 항목	윤리 내용
기밀 유지	우리는 고객과 소통한 정보를 기밀로 유지한다.
투명경영	우리는 고객에게 명확하고 투명한 수수료 정책을 제공한다.
정직성	우리는 항상 정직하고 정확하게 조사하여 고객에게 보고한다.
법률 준수	우리는 모든 활동을 법률과 규정을 철저히 준수하여 수행한다.
객관성	우리는 개인적 편견이나 감정이 조사에 영향을 미치지 않도록 한다.
비방 자제	우리는 경쟁 탐정이나 전문가를 비방하는 발언을 자제한다.
전문화	우리는 탐정 자격 보수교육과 기술 연마를 통해 전문적인 역량을 지속 유지한다.
인격 존중	우리는 조사 상대방의 인격과 권리를 존중하고 불필요한 사적 개입을 하지 아니한다.
부당 계약 방지	우리는 해결할 수 없는 사건에 대해 성공을 보장하는 등 부당한 계약을 하지 아니한다.
이해 상충 회피	우리는 자신의 이해관계가 조사에 영향을 미칠 수 있는 경우, 해당 사건을 수임하지 아니한다.

오랜 기간에 걸쳐 탐정업이 정식 업종 및 직업군으로서 정착화되어 있는 일본 역시 탐정 윤리를 중시한다. 현재 탐정협회의 기능을

수행 중인 일본 조사업 협회의 윤리강령을 도표화해 보면 다음과 같다.

일본 조사업 협회 윤리강령	
윤리 항목	윤리 내용
직책자각 (職責自覺)	가입 회원은 업무의 사회적 사명을 자각하고 직무를 성실, 공정하게 행함과 아울러 국민 생활에 기여할 수 있도록 언제나 주의하여야 된다.
신의성실 (信義誠實)	가입 회원은 조사를 성실히 진행하고 정확성을 기해야 하며 수수료는 적정하게 책정하며 사업자로서의 신의를 중요시하여야 한다.
법령준수 (法令遵守)	가입 회원은 업무의 수행 시 항상 법령을 준수함과 아울러 사회 상식에서 벗어나지 않도록 하여야 한다.
인권존중 (人權尊重)	가입 회원은 언제나 인권을 존중, 옹호, 배려해야 하며 타인의 명예와 권익을 훼손하거나 대상자에 대한 차별 조사를 해서는 안 된다.
비밀보호 (秘密保護)	가입 회원은 업무상 알게 된 대상자 관련 비밀을 함부로 타인에게 누설하거나 대외적으로 공포해서는 안 된다.
자기연찬 (自己研鑽)	가입 회원은 항상 자신의 인격을 연마하고 업무 관련 지식과 기능의 향상을 위해 노력해야 한다.
융화협조 (融和協助)	가입 회원은 상호 융화와 협조를 도모하고 단결함으로써 업계 발전을 위해 노력해야 한다.

국내 주요 협회와 단체들도 각자의 기준에 의거, 탐정 윤리강령을 갖추고 있다. 윤리가 도외시될 때 탐정은 직업인으로서 사회의 비판을 받을 수밖에 없고 탐정업 자체가 고객으로부터 외면을 받기에 결코 홀시할 수 없는 대목이다. 국내 주요 탐정 단체의 윤리강령을 종합해 보면 다음과 같다.

➡] 한국특수교육재단, 한국 탐정협회, 사설탐정사(PIA)

1. PIA는 국가와 국민의 생명과 재산을 보호한다.

2. PIA는 희생정신과 봉사하는 마음으로 모든 일에 임한다.

3. PIA는 법과 질서를 지키며 조사요원으로 타의 모범이 된다.

4. PIA는 사실을 조사하여 진실을 밝히고 사건 내용을 조작하지 않는다.

5. PIA는 모든 정보를 소중히 여기며 절대로 누설하지 않는다.

6. PIA는 공, 사를 분명히 하여 어떠한 금품에도 유혹되지 않는다.

7. PIA는 조직의 명예와 누를 끼치는 행위는 하지 않는다.

8. PIA는 자기 발전을 위해 노력하며 자부심과 긍지를 가지고 최선을 다한다.

➡] IFI 국제 탐정협회

1. 탐정은 국가와 사회 안녕을 위한 공익의 파수꾼이다.

2. 높은 직업적 긍지와 자부심으로 당당히 일에 임한다.

3. 법을 준수하고 부당한 방법으로 일을 추진하지 않는다.

4. 업무 시 공익과 사익이 충돌할 때는 공익을 우선한다.

5. 인권에 저촉되는 의뢰는 원칙적으로 수임하지 않는다.

6. 탐정의 명예에 누가 되는 비신사적 언행을 하지 않는다.

7. 업무상 알게 된 비밀은 당사자 허락 없이 발설하지 않는다.

8. 업무상 알게 된 개인의 신상은 절대 악용하지 않는다.

9. 업무상 얻은 조사 결과는 허위나 과장을 하지 않는다.

10. 탐정들과 서로 도와 전체 탐정업의 발전에 기여한다.

➜] ROK 탐정협회

1. 법규 준수 의무: 탐정(탐정업자)은 개인의 사생활을 침해하거나 개별법에서 금하고 있는 사항을 위반하여서는 안 되며 항상 타인의 인권을 존중해야 한다.

2. 비밀 유지 의무: 탐정(탐정업자)은 업무 수행 과정에서 취득한 고객의 비밀을 함부로 누설하거나 발표해서는 안 된다.

3. 불법적, 비윤리적 사건 수임 금지: 탐정(탐정업자)은 업무 수행에 있어서 불법적인 요소나 비윤리적 요소가 있다면 사건 수임을 거절하여야 한다.

4. 이익 충돌 회피 의무: 탐정(탐정업자)은 윤리적으로 이미 이해관계의 일방과 계약 체결을 하여 조사 의뢰를 받아들였다면, 이해관계가 충돌하는 타방의 사건을 수임해서는 안 된다.

5. 정직 및 진실유지 의무: 보고서는 개인의 감정이나 편견을 배제하고 진실과 사실에 근거하여 정확하게 작성하여야 하며, 임무와 비용(수수료)에 관한 것은 고객에게 상세하게 설명하여 사업자로서의 신의를 존

중해야 한다.

6. 품위유지 의무: 탐정(탐정업자)은 직업상 품위와 명예를 불신시키거나 손상하는 행위를 하여서는 안 된다.

7. 회원들 간의 정직, 협조 의무: 탐정(탐정업자)은 다른 회원의 명성, 경험, 경력 등에 대해서 비판하지 않으며, 업무와 관계하여 유혹이 있더라도 다른 탐정과 불법적인 경쟁을 해서는 안 된다.

8. 자기 연마: 탐정(탐정업자)은 항상 인격을 연마하고 업무와 관련한 지식, 기능의 향상에 노력해야 한다.

➡] 대한법인 특수자격협회

1. 본 협회 탐정, 민간 조사사 자격 취득자는 양심적 윤리 사상을 바탕으로 업무에 임할 것을 맹세한다.

2. 본 협회 탐정, 민간 조사사 자격 취득자는 국민의 봉사자로서 업무 행태별 적당한 의뢰비를 청구하되 과도한 비용 청구를 하여 국민의 신뢰에 어긋나는 행동을 하지 않을 것을 맹세한다.

3. 본 협회 탐정, 민간 조사사 자격 취득자는 국민의 봉사자로서 업무 태만과 기망 등의 행위, 위법한 행위를 단절할 것을 맹세한다.

4. 본 협회 탐정, 민간 조사사 자격 취득자는 가해, 피해 의뢰인을 불문하고 의뢰를 수행하되 정의를 수호하기 위해 활동간 가해, 피해자의 범죄 행위 적발 시 즉각 의뢰를 중단하고 수사기관에 협조를 요청할 것을 맹세한다.

5. 본 협회 탐정, 민간 조사사 자격 취득자는 취득 자격을 남용한 범죄

행위나 자격 대여 행위를 절대 하지 않을 것을 맹세한다.

6. 본 협회 팀장, 민간 조사사 자격 취득자는 공무원 사칭 및 공권 범위를 침범하지 않는다. 단, 공권력이 부당한 경우에는 합법적 절차에 의해 고소, 고발, 민원을 정당한 형태로 제기할 것을 맹세한다.

7. 본 협회 탐정, 민간 조사사 자격 취득자는 흥신소, 청부업체, 기타 불법 사설업체 등의 돈벌이 수단을 위한 불법 행위를 절대 금지한다. 이를 어기지 않을 것을 맹세한다.

8. 본 협회 탐정, 민간 조사사 자격 취득자는 국민과 시민, 의뢰인의 어떤 부당한 대우에도 폭언, 폭력을 금지하고 바른 자세로 친절함을 유지한다. 과도한 부당 대우에 대한 사항은 합법적 절차로 고소, 고발, 민원을 제기한다. 이를 지킬 것을 맹세한다.

9. 본 협회 탐정, 민간 조사사 자격 취득자는 위 사항을 위반할 시 즉각 자격증과 수료증을 반환하고 협회가 규정한 경과 기간을 준수하여 재시험을 치를 것을 맹세한다.

4장

탐정업의 준비와 착안

1절. 준비 요건

모든 업종이 전문화를 요구하는 시대에 손과 발에만 의지하는 탐정은 이제 시장에서 도태될 수밖에 없다. 업무에 필요한 신기능, 신지식, 신기술, 신기법에 대해 열린 마음으로 습득하는 자세를 가져야 한다. 과거의 경험에만 함몰되어 사회의 변화에 무감각할 경우 의뢰인의 요청에 부합하기 어렵다. 이는 경업敬業의 정신에도 배치되는 것이며 직업인으로서 양심의 문제이다. 이른바 '준비하는 자'만이 시장의 문을 열 수가 있다.

탐정업을 ESG 경영과 접목하려면 사전에 상당한 준비가 필요하다. ESG 경영은 기업의 영역이지만 근래에는 자치단체, 공공기관 등도 동참하는 상황으로서 대상 범위가 확대되는 추세를 보인다. 그 때문에 자격증 취득, 전문성 확보와 더불어 다양한 수요 파악도 필수적이다. 그렇다면 탐정이 ESG 경영의 조력자로서 업무를 수행하기에 앞서 사전에 어떠한 준비가 필요할 것인가? 이를 몇 가지로 나누어 설명토록 하겠다.

첫 번째는 기본 자격 취득이다. ESG는 아직 국가 공인 자격증이 발급되지 않고 있으며 민간 등록 자격증으로 존재한다. 따라서 사설 기관이나 단체의 교육 및 자격증 취득이 입문의 선결 과정이라고 할 수 있다. 물론 자격증이나 교육 이수가 필수적인 요건은 아니지만 ESG 경영의 조력자로서 참여할 때 최소한의 기준인 만큼 경영 주체의 인정과 신뢰를 얻는다는 차원에서 먼저 자격증을 취득하는 것이 효과적이다.

아직은 교육의 문턱이 낮고 국가 공인의 자격제도가 없는 만큼 먼저 개론적 수준을 요구하는 자격증을 취득하는 것은 기본적인 자세이다. 정부 출연기관으로서 국가 및 민간 자격증 발급을 관장하는 한국직업능력연구원[52]의 자료에 의하면 2024년 후반기 현재까지 등록된 ESG 관련 자격증은 189건으로 나타났는바, 지속적인 증가 추세를 보인다. 사회적으로 ESG에 관한 관심이 고조되면서 생태계 구축이 이뤄지는 상황임을 알 수 있다.

ESG에 대한 자문, 평가, 인증의 생태계를 둘러싸고 다양한 관계자들이 존재하는 가운데 이들과의 협업 체계 구축을 위해서는 해당 영역에 대한 이해가 우선이며 이를 위해서는 직접 교육을 받는 것이 급선무이다. 경영 평가까지 가능할 정도의 전문적인 수준은 아니더라도 기본적인 사항에 대해 파악할 수 있는 준비 단계인 만

---

52)　국무총리 산하 정부출연 연구기관으로서 특수법인의 성격을 갖는다. 직업교육 및 훈련의 활성화와 국민의 직업능력 향상에 기여할 목적으로 1997년 설립되었다.

큼 탐정으로서 검토해 볼 대목인 것이다.

두 번째는 자기 점검의 선행이다. 탐정으로 일하기 전에 당사자가 과거의 경력과 현재의 영위 업종 등을 고려하여 특화된 분야를 선택하고 지속적으로 지식과 능력을 제고하는 노력이 요구된다. 이는 자기 점검 내지 자기 정렬의 개념으로서 중요하다. 본인이 수사나 정보기관 출신이라면 직렬에 따른 경력과 경험을 활용하여 탐정의 기본 업무인 사실 조사를 수행하되 별도로 전문 분야를 선택해 지속적으로 능력을 업그레이드시키는 자세가 필요하다.

기업체 근무 경력자나 개인사업을 했을 경우에는 기업과 경영에 대한 이해와 경험치가 축적된 만큼 ESG 경영을 들여다볼 수 있는 유리한 입장이다. 따라서 자신의 경험치와 능력치의 탐정업 적용 가능성을 검토하고 실물경제의 생태계에 참여토록 노력하는 것이 중요하다.

국내 탐정학 전문가는 "탐정업의 법제화가 골백번 이뤄진다 해도 전문화가 되지 못한 탐정은 빛을 보기 어렵다."라는 견해를 피력하고 이론적, 기술적인 전문성을 강조하면서 탐정의 역할과 전문화야말로 탐정업의 존립과 직결되는 만큼 교육에 필요한 과학적인 커리큘럼 마련의 중요성을 강조하였다.[53] 이처럼 전문화가 시급한 실정에서 탐정과 탐정업은 챗GPT 같은 신기술 개발과 동향을 상

---

53) 김종식, "탐정업, 법제화 골백번 해도 전문화되지 못한 탐정은 빛 보기 어려워", 시민일보, 2023. 8. 23.

시 들여다보고 필드보다는 데스크 기반의 업무를 지향해야 된다.

육체에 의지한 현장 조사 같은 아날로그 시대의 탐정은 이제는 설 자리가 없는 것이 현실로서 디지털 기반의 기술과 장비, 분석의 툴을 기본적인 무기로 삼아 수행 업무에 활용해야 하는 시대로 접어들었다. 향후 탐정 업무는 발로 뛰고 현장만을 맴도는 필드 기반이 아닌 머리와 IT를 활용하는 데스크 기반으로 이동할 것이 명백하므로 어떤 방식으로 일을 할 것인지를 취사선택하는 것이 대단히 중요하다. 그 때문에 탐정업계에서는 IT에 특화된 이공계 전공자가 다수 유입되기를 절실히 바라고 있다.

세 번째는 관련 지식의 습득이다. 흔히 "아는 것이 힘이다."라고 얘기하듯이 탐정의 경우 지식의 구비는 활동에 있어 중요한 기반이 된다. 특히 ESG 경영의 조력자 역할을 맡으려면 경제에 대한 이해를 높이고 추세를 파악하도록 능력을 갖추는 과정이 필요하다. 경제의 개념, 기업의 생태계와 현안 등에 대한 이해가 전제되어야만 ESG 경영의 주체인 기업을 상대로 조기경보, 위기 관리 차원의 자문 수행이 가능해진다.

특히 ESG 경영의 조력자를 목표로 삼는 기업 탐정의 경우 경영과 관련된 정보에 민감하고 이를 해석, 적용할 수 있는 지식이 축적되어야 업무 수행이 무탈하게 이뤄질 수 있다. 국내 경제는 물론 해외 경제의 추세를 읽고 이를 업무에 반영키 위해서는 어학과 지역학 공부도 중요한 항목에 들어간다. 탐정 업무의 성격에 따라 국내는 물론 해외와도 직결된 것이 많기 때문이다.

기업 상대의 탐정이 국내외 기업과 경제계, 정부와 단체의 ESG 경영 추세를 인지하지 못할 경우 업무를 위임받기가 어렵고, 설령 위임을 받더라도 업무의 로드맵 작성이 불가하므로 사전에 지식으로 무장하는 것은 지극히 중요하다. 과거에는 개인의 노하우가 중요했지만, 이제는 AI의 도움을 받을 수 있고 관련 정보는 개인의 의지에 따라 얼마든지 확인과 확보가 가능해진 시대인 만큼 지식의 습득이 결코 어려운 일은 아니다.

네 번째는 네트워크의 구축이다. 간단히 표현하자면 탐정 업무 수임을 위해 필요한 대상, 즉 협업 파트너와 고객을 다수 확보해야만 된다는 것이다. 아무리 뛰어난 능력을 갖췄어도 확실한 파트너가 없거나 수임을 제대로 못 한다면 당장에 사무실 운영이 불가능하고 지속 가능성은 요원하기 때문이다.

따라서 평상시 법무법인은 물론 법조 인접 직역인 노무사, 행정사, 세무사 등 같은 업역과의 접촉과 소통이 중요하다. 이들로부터 고객정보가 나오고 수요가 파악될 수 있다. 더불어 기업인 및 경제단체와의 교류가 필요하다. 탐정으로서 ESG 경영의 시장에 접근하려면 핵심 고객은 기업인 만큼 이것이 가장 중요한 대목이라고도 할 수 있다.

탐정이 ESG 경영과 관련된 각종 세미나와 행사에 적극 참여하면서 정보를 수집하고 관계 구축에 나서는 노력이 요구된다. 관심과 의지만 선행된다면 국회의 의원실 주관 입법 행사는 외부 인사에게도 상시로 문이 열려 있다. 기업은 이러한 행사를 주시하고 정보를 수집하는 존재이므로 수요 파악과 관계 설정의 좋은 기회로 삼아야 한다.

다섯 번째는 자기 홍보의 노력이다. 기업은 ESG 경영과 관련하여 필요할 경우 주로 법무법인, 회계법인, 노무법인, 소속 경제단체, 경영 자문업체 등을 찾는다. 탐정이 ESG 경영의 조력자가 된다는 생각을 아예 못 하는 것이 현실이다. 그 때문에 기업이 인지토록 적극적인 접근 방식을 모색해야만 된다. 기업에 특화된 탐정임을 선제적으로 알리고 정확한 해법을 제시하는 조치가 요구되는 것이다.

ESG 경영은 기업이 적용 지표 달성을 목적으로 내부와 외부에 걸쳐 다양한 조사를 진행하는 작업이다. 이는 일정 부분 탐정의 영역과 겹치는 것으로서 충분히 수요가 창출될 수 있음을 의미한다. 기업으로서는 일정에 맞춰 ESG 공시를 해야만 되는 것이 현실이므로 필요시 외부로부터 조력자를 찾을 것이 명백한 상황에서 우선 필요한 것은 탐정의 존재를 알리는 것이다.

가능하다면 먼저 선제적으로 기업에 ESG 경영과 관련된 서비스 제공 제안을 하고 필요성을 어필하는 것이 좋다. 중대재해 처벌 등에 관한 법률, 산업안전보건법 등 기업이 민감하게 여기고 현장에서 중시하는 부분을 예방 내지 해결할 수 있도록 방안을 제시한다면 기업이 관심을 보일 것이다.

여섯 번째는 유관 직역과 횡적 연계의 모색이다. 기존에 ESG 경영에서 조력자 역할을 맡고 있는 법무법인, 회계법인, 노무법인 등은 각자의 분야에서 강점이 있지만, 현장 조사와 사실관계 확인 등에서 파트너가 필요하다. 따라서 이들과의 연계 방안 마련이 중요하고 이들의 믿음직한 파트너로서 활동할 수 있는 공간을 마련할 필요가 있다. 이들과의 접촉을 통해 수요를 파악하고 협업 체계를 구축하는 작업이 긴요하다.

이를 구현하기 위해서는 파트너십 설정이 전제되어야 한다. 다수의 법무법인은 법조계 전체의 입장과 마찬가지로 탐정의 법제화에는 반대 내지 소극적인 모습이지만, 근래에 들어 탐정과의 업무 협업 체계 구축에는 적극성을 보인다. 디지털 포렌식, 대도청, 산업스파이 적발 등 분야에서 탐정의 전문성을 인정하고 다양한 고객 수요에 맞출 수 있도록 협업의 관계를 이어 가는 중이다.

회계법인과 노무법인 등의 경우 기업의 ESG 경영 생태계의 한 축으로서 역할을 모색 중인 가운데 기업 경영의 파트너인 까닭에 업무 수행 과정에서 다양한 사실관계 확인 차원으로 탐정과의 협업에 대해 적극적인 자세를 보인다. 이를 반영하듯 산업현장과 직결된 업역인 노무사가 탐정의 역할까지 병행한다는 의미로서 노무탐정 개념도 등장한 상황이다.

한편으로는 탐정이 공공기관, 공기업, 지방자치단체, 시민사회단체 등 ESG 경영의 또 다른 주체이자 이해관계자들과의 연계에도 적극적으로 나설 필요가 있다. 이들은 ESG 경영의 구현 및 감시 과정에서 요구되는 다양한 현장 조사, 사실관계 확인 차원으로 전문가를 필요로 한다. 따라서 탐정으로서는 반드시 연계의 대상으로 인식하고 방안을 마련하는 것이 요구된다.

2절. 착안 사항

탐정업을 영위하면서 업종의 확장성과 지속성은 업계 관계자들에게 상시적인 과제로 남아 있다. 그간의 레드오션을 벗어나 블루오션으로 진입, 항해를 이어 가기 위해서는 아직 접근해 보지 못한 분야를 찾아야만 된다. 이와 관련하여 저자는 탐정업계가 들여다볼 만한 몇 가지 아이디어를 제시코자 한다. 다행히도 경제 및 산업의 변화 추세에 맞춰 탐정의 역할 공간이 확대되고 있는바, 새로운 시장이 속속 등장하는 중이다.

첫 번째로 고려할 분야는 외국인 관리이다. 우리나라가 저출산 및 고령화 추세 속에서 산업인력 부족에 따라 조선업과 농업 분야에서 외국 인력을 다수 도입한 데 이어 정부는 향후 외국인 산업인력에 대한 문호를 획기적으로 개방할 예정인바 이미 고압 선로 가설, 가사도우미 분야에 외국인 신규 투입이 확정되었고 자동차 정비, 자동차 부품 제조 등 다양한 분야로까지 확대될 것으로 전망된다.

조선업의 부활과 함께 외국인 용접공이 울산 지역을 중심으로 대거 현장에 투입되어 일하는 상황이며 농업도 절대적으로 인력이 부족해짐에 따라 '계절근로자', '공공형 계절근로자' 명목으로 단기 고용 외국인들이 증가 추세를 보인다. 경기도 지역의 시설재배 농가협회 관계자는 "비닐하우스 설계와 시공은 이제 완전히 외국인의 전담 시장"이라고 언급할 만큼 농촌 지역의 상황은 심각하다.

현재 지방 기초자치단체 주관의 '계절근로자' 제도와 농업협동조합 주관의 '공공형 계절근로자'[54] 제도가 운용되면서 외국인노동자가 농촌 지역에서 다수 일하는 중이다. 그러나 이들이 현장을 이탈하거나 각종 문제를 일으키는 사례가 빈번하고 기초자치단체와 농업협동조합은 관련 인력과 경험의 부족으로 인해 해결책 마련에 부심하는 상황이다.

농촌 지역의 농번기 일손 부족을 해결하는 데 목적을 둔 '계절근로자'는 기초자치단체가 외국 지방정부와 연계해 인력을 받아 단기 3개월에서 장기 5개월에 걸쳐 농촌에서 일하도록 하는 제도로서, 2015년 충북 괴산군이 처음으로 도입한 데 이어 이제는 웬만한 자치단체는 이 제도를 활용 중이다. 농업협동조합이 주관하는 '공공형 계절근로자' 역시 고령화로 인한 농업 분야의 애로를 해결하는 방식으로 도입, 시행 중인 가운데 외국인 근로자 관리 문제가 현안으로 대두되었다.

외국인 관리는 법무부 소관이지만 업계 현실을 감안할 경우 단

---

54) 계절근로자는 농가에서 직접 외국인 근로자와 계약을 체결해 농번기 일손을 돕게 하는 제도이며, 공공형 계절근로자는 각 지역농협이 외국인 근로자와 계약을 맺고 소요 농가에 공급하는 방식으로 진행되고 있다.

속과 계도가 한계에 봉착함에 따라 외국인 관리 전문 탐정의 역할 공간이 발생할 것인바, 향후 간병인 분야에서도 시장 개방이 이뤄지는 추세에 맞춰 관리 차원의 수요는 급증할 것으로 판단된다. 저자가 지방 경찰서의 외국인 담당 팀장과 면담해 본 결과 어려운 경제 상황을 반영해야 하는 데다 인력도 절대적으로 부족하므로 불법체류자가 범법행위를 하지 않는 이상 선제적 단속은 매우 어려운 상황이라는 입장이다. 따라서 외국인 관리 탐정의 등장도 가능할 것으로 예측되는바, 탐정업계는 사전 연구와 준비에 나설 필요가 있다.

두 번째는 행정사와 탐정의 융합이 요구된다는 점이다. 즉, 양수겸장으로 더욱 강해진 입장에서 업무를 수행할 수가 있다. 행정사법 제2조 제1항은 "법령에 따라 위탁받은 사무의 사실 조사 및 확인"[55]을 규정하고 있는바, 이러한 사실 조사 및 확인은 탐정의 영역과 동일하다. 다만, 행정사는 "법령에 따라"라는 전제 조건에 의해 권한을 부여받았지만, 탐정은 관련 법률이 없는 것이 차이점인 만큼 행정사 자격 취득이 우선되어야 한다.

탐정, 탐정업이 법제화되지 않는 상황에서 상기 조항은 행정사와 탐정사를 겸업할 경우 법적인 안전판으로 작용할 것이다. 대한변호사회는 행정사가 공식적으로 행정기관과 접촉이 가능함을 들어 로비의 창구 역할을 할 것이라는 논리로 대응하고 있다. 그럼에도 행

---

55)   법제처, 국가법령정보센터.

정사로서는 융합, 경합, 접목의 방식으로 직역 및 업역 간 협업이나 분업을 충분히 고려해 볼 만한 시기가 도래하였다. 이는 이종 결합, 즉 하이브리드에 의한 시너지 효과가 기대되는 분야이다.

행정사는 현재 자격증 취득자가 40만 명이 넘는 직역으로서 실제 업무 신고를 마치고 활동 중인 사람은 1만여 명으로서 변호사의 10배 규모로 추산되고 있다. 행정사 자격 취득자라면 탐정 교육을 받아 조사 기법으로 무장하고 법적인 안전장치를 적극적으로 활용, 탐정 행정사로서 새롭게 시장을 개척하는 것도 업무의 확장성 차원에서 의미 있는 일이 될 것이다.

세 번째는 새로운 직업을 만든다는 의미로서 창직創職 차원의 접근도 강구할 시대가 왔다는 점이다. 이는 '말과 글은 힘이 세다'라는 논리에서 출발한다. 탐정업에 직접 종사하지 않더라도 언변과 글쓰기에 능하다면 이를 무기로 삼아 탐정과 관련한 다양한 콘텐츠를 만드는 일에 매진할 수 있다.

개인의 특성과 가치관, 사정 등의 차이에 따라 탐정에 관한 관심이 실제 창업이나 취업으로 이어지기 어려운 것이 현실이다. 또한 창업이나 취업을 해도 의뢰 수임을 위한 마케팅과 현장 활동은 결심을 가로막는 장애 요소가 존재한다. 이때 선택 가능한 것이 콘텐츠에 집중하는 방식이다.

따라서 프리랜서로 탐정 관련 콘텐츠를 개발하는 것을 고려해 볼 필요가 있다. 자신이 가진 말과 글의 힘을 발휘한다는 차원에서 언론 기고 및 저술, 콘텐츠 제작, 교육과정 강의 등 다양한 방식으로 창작의 길을 모색하는 것도 탐정업 영위의 카테고리에 포함되며, 경쟁이 치열한 탐정 교육 시장에서 창의적이고 차별화된 교육 수요에 부응할 수 있다.

탐정 교육 콘텐츠 시장은 향후 지속적으로 확대될 것이며 개론에서 각론으로 진행될 것이기에 기존에 없는 내용 발굴이 중요하다. 일례를 들자면 현재 국내에는 대도청 관련 전문 서적이 부재하며 시민과 학생의 안전 차원에서 불법 촬영 탐지에 필요한 교육 자료도 부족한 상황이다. 탐정업계의 발전을 위해 이러한 공백을 누군가는 채워줘야 하는 만큼 서적이나 교재를 만드는 것도 탐정의 또 다른 업무에 들어간다고 할 수 있다.

네 번째는 탐정법인 및 단체 등과 협업이다. 이는 1988 서울올림픽 주제가의 가사처럼 "손에 손잡고, 벽을 넘어서"의 차원으로서 탐정이 각자도생의 상태를 벗어나 서로의 능력과 경험을 하나로 모으는 작업이 중요하다는 것을 의미한다. 탐정업에서도 결합의 효과, 규모의 경제가 절대적으로 필요해진 지금의 상황에서 가장 현명한 선택이다.

현재 국내 탐정은 대다수가 개인사무소 형태로 업무를 진행함으로써 '1인 기업'의 규모를 벗어나지 못하는 실정이다. 이 때문에 영세성과 한계성의 성격을 갖는바, 먼저 검토되어야 할 것은 탐정법인으로의 전환이다. 여기에서 벤치마킹할 수 있는 것이 행정사 업계이다. 전통적으로 단독개업 위주였던 행정사가 변화와 변신의 필요성을 인식하고 적극적으로 행정사법인으로의 전환을 시도하는 중이다. 이 가운데 '민행 24'의 경우 전국적인 규모의 체인화를 통해 실적을 쌓으며 대표적인 행정사법인으로 자리하고 있다. 이는 행정사 간 협업을 바탕으로 업무의 범위를 넓히고 특정 분야 전문가를 영입함으로써 지속 가능성과 확장성을 확고히 했다는 점에서 탐정업계가 참고해 볼 만한 사례이다.

개인이 탐정사무소를 창업할 경우 홍보, 운영 등의 문제에 직면하고 특히 수주, 기술적 대응은 지난한 과정과 난이도가 요구되는 만큼 탐정법인 등과 상호 협업이나 분업을 고려해야 한다. 개인 탐정사무소를 운영하면 고객에 따라 휴대폰 포렌식, 대도청 탐지 등 탐정 기본 업무와 관련된 별도의 서비스 제공을 의뢰받는 경우가 생기는 만큼 일정 수준 이상의 시스템을 가진 탐정법인과의 제휴와 협업을 심도 있게 고려해 봄 직하다.

탐정법인이나 탐정 관련 단체는 고객의 수요에 부합할 수 있는 조직과 인력, 기술과 장비, 노하우와 네트워크를 갖춘 상태에서 의뢰인의 요구에 대한 부합이 가능하다. 따라서 탐정 개인은 수임받은 업무를 제대로 해결한다는 차원에서 탐정법인이나 단체와의 제휴를 검토해 볼 필요가 있다. 이를 통해 윈윈win-win하는 것이 업계의 생태계 구축에도 효과적이다.

다섯 번째는 새로운 고객층 파악이다. 탐정이나 탐정법인이 관심을 기울일 필요가 있는 분야는 교통사고, 거래사고 등으로 인해 보상과 배상을 해 줘야 하는 공제조합이다. 현재 국내 교통 관련 공제조합은 택시, 개인, 버스, 전세버스, 화물, 렌터카 등 6개가 존재하는 가운데 화물과 렌터카 등 2개소에서 각기 4명과 5명의 조사원을 채용하여 탐정의 역할을 부여 중이며, 나머지 조합은 보상 담당이 조사 업무를 겸직하도록 하는 상황이다. 공제조합으로서는 별도의 채용이나 조직 구성이 없이도 외부 전문가인 탐정의 조력을 받아 보상 업무에서의 문제점을 제대로 파악하고 해결할 수 있게 된다.

다단계판매 분야 공제조합도 탐정의 역할이 필요하다. 공정거래위원회가 감독하는 조합은 2개소[56]로서 많은 회원사가 가입되어 있는데, 판매 사고 발생 시 보상 문제를 놓고 사실 확인을 담당하는 조사원이 거의 없는 실정이다. 탐정법인과 관련 단체가 향후 자문이나 문제 해결의 조력자로서 이들 조합과 연계 방안을 강구할 필요가 있다.

문화체육관광부 산하 스포츠 윤리위원회가 설립되면서 체육계 내부의 문제를 들여다보고 해법을 제시한 데서 알 수 있듯이, 사회의 윤리 문제에 따른 탐정 수요는 지속적으로 발생하는 상황이다. 경제계에서도 각종 협회나 단체는 내부적으로 발생하는 문제를 놓고 대책 마련에 고심 중이다. 이들이 모두 탐정의 잠재 고객이 될 수 있는 만큼 관심과 소통의 노력이 요구된다.

여섯 번째는 탐정을 위한 탐정이 필요하다는 점이다. 국내 탐정 관련 비교 및 상담 플랫폼인 '모두의 탐정'은 2023년 6월 '기업 문제

---

56) 특수판매공제조합과 직접판매공제조합.

전문 서비스'를 출시했는바, 해당 서비스는 기업 고객을 대상으로 산업스파이, 위기 관리, 평판 관리 등이 특화된 전문 탐정사를 매칭해 주는 프리미엄 서비스이다.

특히 전문 분야를 갖고 있지만 고객 대상의 개별 광고나 홍보를 수행하기 어려운 개인 탐정으로서는 고객과의 연결 서비스가 사업 영위의 매개체로서 대단히 중요하다. 탐정이 수임에만 매달릴 때 본연의 업무를 수행하기 어려운 것이 현실이다. 따라서 고객과 탐정의 중간에서 업무를 연결해 주는 것은 새로운 사업으로서 시장성이 충분하다.

이러한 현실을 반영하듯이 국가 공인 탐정협회 산하 탐정법인 홍익은 탐정 자격 취득자, 개업 탐정 등을 대상으로 업무 연결을 해 주는 '리쿠르팅Recruiting' 사업을 본격화하고 있다. 고객으로부터 업무를 의뢰받으면 등록된 전문 탐정을 소개하는 방식으로서 저자가 법인으로부터 그간의 실적을 제공받아 살펴본 결과 이미 가성비와 효과가 충분히 입증된 상황이다.

일곱 번째는 이제 인간안보 시대가 도래한 상황에서 탐정이 '사람을 위하여, 사람을 향하여'로 나가야만 된다는 것이다. 전통적 안보 개념은 전쟁으로 대표되는 국가안보를 지칭하지만, 코로나19 팬데믹을 겪으면서 인간안보의 중요성이 대두하였다. 전쟁은 지역 차원으로 전개되지만, 전염병은 글로벌 차원으로 파급되면서 지구촌이 '올 스톱'된 것을 우리가 직접 겪었다.

인간안보는 기아와 질병, 인권 유린, 대형 범죄와 테러, 재난, 노인과 아동학대 같은 인권 문제에 관한 질문 제기와 답을 찾는 차원의 접근이다. 인간안보의 범위와 ESG 경영 중 사회의 요소가 상당 부분 일치하는 데다 가치관에서 유사성을 갖는 만큼 탐정 업무 수행에서 관심 경주가 필요하다.

탐정이야말로 인권을 수호하고 사회 정의를 위해 활동하는 존재이다. 이 과정에서 직업윤리를 바탕으로 건전한 경제, 안정된 사회의 구축에 기여할 수 있다. 아울러 인간안보를 상시로 염두에 두고 업무를 수행한다면 경제 생태계의 한 축으로서 충분히 인정받고 새로운 직업군으로서 위상을 확보하는 것이 가능해진다.

나가는 말

본 저서에서는 탐정과 탐정업의 업무 확장성 및 미래 지향성 차원에서 ESG 경영에 접근, 접목하는 방안을 다뤄 보았다. ESG 경영 자체가 아직 우리 경제에서 완전히 착근하지 못했고 정치적 논리에 따른 변수도 여전히 존재하는 상황에서, 탐정이 이를 들여다보며 업무의 하나로 삼을 수 있을지는 미지수인 것도 사실이다. 그럼에도 외국의 사례에서 나타났듯이 탐정이 사회의 변화상에 맞추고 경제 생태계의 선순환에 동참하는 것은 지극히 당연하다.

지정학적 리스크에 이어 기정학이 등장하는 등 글로벌 차원의 경제 전반에 걸쳐 불확실성과 변동성이 기업의 어려움을 가중하는 상황이 이어지는 중이다. 따라서 탐정이 기업의 경영에 도움을 주고 리스크를 관리해 주는 존재로서 임무를 수행할 공간은 지속적으로 열리고 있다. 이는 탐정과 탐정업계로서는 미래로 가는 길에서 청신호가 아닐 수 없다.

탐정의 기존 업무는 그대로 수행하되 영역 확대, 미래 지향을 위해 ESG 경영을 살펴보면서 새로운 수익모델을 만들어 내야만 한다. 이는 미국을 비롯한 선진국에서 이미 입증된 사실이다. 근래 기업들이 직면하는 리스크는 지속적으로 탐정을 소환하고 있는바, 이에 대해 적극적인 자세와 방식으로 호응해야만 탐정업종의 지속 가능성이 담보될 것이다.

본 저서는 이러한 탐정의 현안을 마주하고 고심과 모색 끝에 내놓은 결과물이다. 저자의 능력 부족으로 인해 논리성과 완결성이 해결되지 못했다는 점에서 독자들에게 미안함을 전하며 양해를 구한다. 다만 탐정과 ESG 경영을 접목한 첫 시도라는 점에서는 나름의 의미를 갖는다는 판단이다. 아울러 참고 자료로서 탐정업계에 조금이라도 기여가 되길 바란다.

향후 기회가 된다면 탐정업계의 발전 속도와 환경 변화 추세에 맞도록 저서의 내용과 체계를 수정, 보완토록 할 계획이다. 국내의 관련 입법 동향, 기업의 요구사항과 글로벌 차원의 추이에 대해서는 내용의 지속적인 업데이트를 해야 하기 때문이다. 아울러 꾸준한 공부와 경험치 축적을 통해 독자들의 수요와 기대에도 적극적으로 부응토록 할 것을 다짐한다.

탐정업계가 법적, 제도적으로 어려움을 겪는 상황에서 국가 공인 탐정협회를 창립한 최재경 회장, 황인창 부회장의 오랜 현장 경험에서 비롯한 높은 예지력과 판단력으로 국내 탐정업 분야에 ESG 경영의 개념이 처음으로 등장하였고 이는 저술의 결정적인 계기가 되었다. 아울러 이들이 물심양면으로 지원과 응원을 해 준 덕에 저술을 진행할 수 있었기에 감사의 마음을 전한다.

저술 과정에서 가족과 지인들의 지지 및 격려가 상당히 큰 힘이 되었는바, 지면으로 고마움을 전한다. 한편으로는 교정, 편집, 인쇄 등 전 과정에서 노고를 아끼지 않은 출판사 북랩 담당자에게도 깊은 감사를 전한다. 마지막으로 독자들의 구매와 열독에 경의를 표하며 내용상의 문제점과 오류가 있다면 하시라도 합리적 지적과 건설적 의견을 줄 것을 기대한다.

저자 문봉수 · 곽대순